新生活教科書

上海大東書局印行

大东书局新生活国语教科书

蒋息岑　沈百英　施松椒　编著

经典民国老课本

山东人民出版社
国家一级出版社　全国百佳图书出版单位

图书在版编目（CIP）数据

大东书局新生活国语教科书 / 蒋息岑，沈百英，施松椒编著．-- 济南 ：山东人民出版社，2017.3（2024.1 重印）

ISBN 978-7-209-10293-3

Ⅰ．①大… Ⅱ．①蒋… ②沈… ③施… Ⅲ．①小学语文课－教材 Ⅳ．① G624.201

中国版本图书馆 CIP 数据核字（2017）第 031925 号

大东书局新生活国语教科书

蒋息岑　沈百英　施松椒　编著

主管部门　山东出版传媒股份有限公司
出版发行　山东人民出版社
社　　址　济南市胜利大街 39 号
邮　　编　250001
电　　话　总编室（0531）82098914
　　　　　市场部（0531）82098027
网　　址　http://sd-book.com.cn
印　　装　三河市华东印刷有限公司
经　　销　新华书店

规　　格　32 开（140mm×210mm）
印　　张　9.5
字　　数　61 千字
版　　次　2017 年 3 月第 1 版
印　　次　2024 年 1 月第 2 次
ISBN　978-7-209-10293-3
定　　价　52.00 元

出版说明

教科书，俗称课本，我们都很熟悉。它在潜移默化间提高了人们的认识，塑造了国民的精神，其重要性不言而喻。教科书还有鲜明的时代烙印，它忠实记载了当时的政治、经济、社会等各种情况，因而有重要的研究价值。

为一般人所不大了解的是，教科书源于西方。我国的教科书史并不长，现在刚过百年。我国最早的教科书出于来华的西方传教士之手，国人自编教科书则始于十九世纪八十年代。一九〇三年清政府统一全国学制，在国家制度层面为教科书的发展提供了平台。一大批知名学者与新文化代表人物如张元济、蔡元培、杜亚泉、高梦旦、王云五、胡适、吴研因等其时纷纷投身教科书的编写，以商务印书馆为代表的各出版机构的领导人积极运作，组织高水平队伍，筚路蓝缕，呕心沥血，上下求索，编写、出版了一套套内容与形式俱佳的教科书，为我国教科书编写、出版奠定了良好的基础。

这些教科书取得了令人惊叹的成就。像商务印书馆一九一二年出版的《共和国教科书新国文》，全书一共八册，到一九二七年前后还在出版，目前所能见到的印次最多的一册印行了二千五百六十次（实际印次可能比这还要多），其中有些课文语言甚至成为熟语，如『小猫三只四只』，后来成为上海及其附近地区形容营业场所顾客稀少或开会到会人数寥寥的意思，可见这套书的影响之大。商务印书馆推出的其他教科书以及后起之秀中华书局、世界书局、大东书局等推出的教科书也都特色鲜明，受到各新式学校的青睐采用，出版后一版再版甚至重印几十上百次的屡见不鲜。

教科书性质特殊，虽曾大量印制，但很少被收藏，所以早期教科书被完整保存下来的不多，作为出版者，我们满怀深情地回眸凝望那些凝聚着前人心血和智慧、在教育史上产生了深远影响的老课本，希望有机会陆续把它们奉献到大家的面前。这也是我们的责任所在。创新总是在继承的基础上进行的。现首批推出六种，分别是商务印书馆一九一二年版的《共和国教科书新国文（初小）》、《女子国文教科书》订正版，一九三二年版的《新学制国语教科书

（初小）》，世界书局一九三三年版的《国语新读本》，大东书局一九三三年版的《新生活国语教科书》，世界书局一九三三年版的《模范公民（公民训练小册）》。其中前五种为语文教科书，由浅近的文言体到白话文，可以看出语文教科书的发展轨迹。它们的共同特点是：一、均面向小学低年级读者；二、编写、校订者为教育大家或专家，熟悉儿童心理；三、选文符合儿童生活与儿童心理，富于情趣；四、编排循序渐进，由浅入深，易于接受；五、选文注重对儿童进行知识与品德等多方面的教育，注重培养适应时代需要的人才；六、插图生动活泼，与文字相得益彰。《模范公民（公民训练小册）》相对特殊，它是早期教科书中修身、公民教育的一种，编写目的是督促小学生按规范的思想、道德和行为标准而生活，成为合格公民。其训练目标具体、细致，形式新颖、别致，对于今天的读者，特别是小朋友来说，仍不失为一种很生动、独特的成长读本。

在《经典民国老课本》书系的编辑上，有两层意思，一是精选品种，二是精选内容。高年级的课文插图渐少，文章渐长，我们的选文随之减少，对于一些不合时宜的内容我们也做了处理，努力使最后保留下来的内容健康、活泼，适于阅读。在呈现形式上，我们经过再三考虑，在原文、原图之外，依据每课内容列出了繁简字对照表（其中少量为异体字），这样做的目的是希望青少年读者能在阅读的同时由此认识一些繁体字。前辈们在文化教育领域创造出的业绩是令人钦佩的。我们在书中专门介绍了编写、校订、绘图者的生平事迹，希望能让他们为大家所认识。同时也祈请至今未能联系上的相关著作权人能及时与我们联系，以便奉上稿酬。

编著者

蒋息岑 主编有《儿童教育丛书》（十种），著有《小学校辅导纪要》《小学行政》等。

沈百英（1897—1992）教育家，出版家。江苏吴县人。自幼勤奋好学，得名师教诲。曾任江苏一师附小设计教学班主任，并创编文艺教材和音乐教材。后任尚公小学校长。他在教学上有不少革新举措，例如课堂以学科分配，上课时间以学科性质不同而不同。低年级采用设计教学法，中年级用中心联络法，高年级用道尔顿制。他上课很风趣，往往吸引很多人站在教室门口听课。一九二八年，被聘任商务印书馆编审，长期从事小学教科书的编写工作。一九五一年，执教华东师大《小学教材教法》课程。一九五六年，离开商务，专任华东师大教育系教授、教学法研究室主任。沈百英对小学数学教学提出许多创见，在国际上引起反响。

施颂椒 生平事迹不详。

绘图者

张令涛（1903—1988）浙江宁波人。擅长连环画创作。一九二一年上海美专毕业。长期做美术编辑，为教科书插图，为儿童良友社编绘画报、画册。上海文史馆馆员。作品有《女娲补天》《杨家将》《红楼二尤》等。

目录

第一册

第二册

第三册

第四册

第五册

第六册

第七册

第八册

第一册

繁与简

媽（妈） 雞（鸡） 貓（猫） 馬（马） 鵝（鹅） 樹（树）

弟弟來
妹妹來
弟弟
妹妹
一同來

繁与简
來（来）

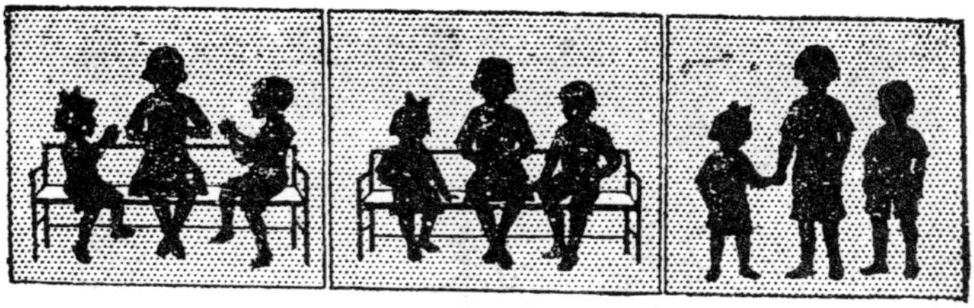

姐姐站

弟弟
妹妹
一同站

姐姐坐

弟弟
妹妹
一同坐

姐姐拍手

弟弟
妹妹
一同拍手

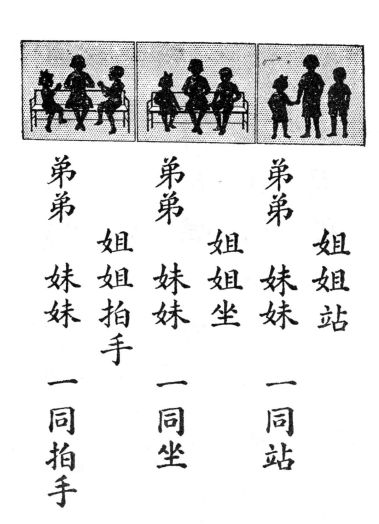

弟弟唱歌
唱罷
妹妹唱
妹妹唱歌
唱罷

繁与简

罷（罢）

姐姐唱

姐姐唱歌

唱罷

一同拍手

來來來　坐坐坐　大家一同坐
一同坐　一同坐　拍手同唱歌
同唱歌　同唱歌　唱罷笑呵呵

繁与简
來（来）
罷（罢）

弟弟跑　弟弟跳

弟弟跑不快

弟弟跳不高

姐姐跑　姐姐跳

姐姐跑得快

姐姐跳得高

弟弟做小雞　姐姐做大貓

姐姐叫　弟弟跑

姐姐追弟弟　弟弟逃

哥哥做大狗　姐姐做大貓

哥哥叫　姐姐跑

哥哥追姐姐　姐姐逃

繁与简

雞（鸡）
貓（猫）

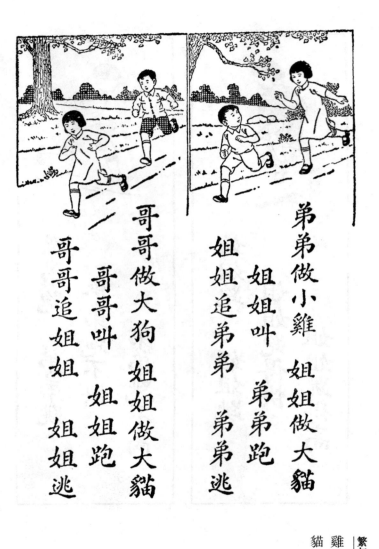

姐姐說 狗大貓小
狗追貓 是大欺小
不好 不好 真不好

弟弟說 貓大雞小
貓追雞 也是大欺小
不好 不好 真不好

繁与简
說（说）

羊要搬一袋米
呀呵呀呵 搬不動
羊請雞來搬米
呀呵呀呵 搬不動
羊請貓來搬米
呀呵呀呵 搬不動

繁与简

動（动） 請（请） 雞（鸡） 貓（猫） 來（来）

羊請狗來搬米
呀呵呀呵 搬不動
羊請雞貓狗
一同來搬米
呀呵呀呵 搬了就走

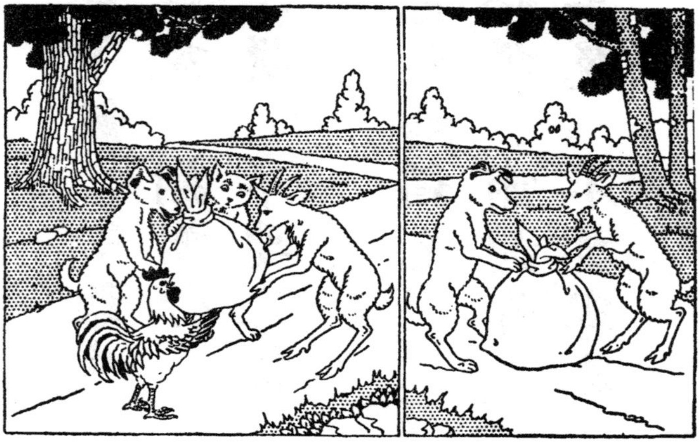

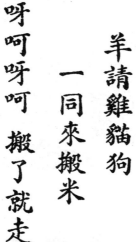

羊煮了飯　給雞吃
雞說　謝謝你
羊說　不要客氣
羊把飯給貓吃
貓說　謝謝你
羊說　不要客氣

繁与简
飯（饭）
給（给）
雞（鸡）
說（说）
謝（谢）
氣（气）
貓（猫）

羊把飯給狗吃
狗說　謝謝你
羊說　不要客氣
羊把飯給鵝吃
鵝說　我没搬米
不該吃你的飯
羊說　請吃請吃
不要客氣

繁与简

鵝（鹅）
該（该）
請（请）

鵝　貓　狗　吃完了飯

鵝請大家游水

貓說　我不會游的

狗也說　我不會游的

貓請大家爬樹

鵝說　我不會爬的

繁与简

鵝（鹅）　貓（猫）　飯（饭）　請（请）　説（说）　會（会）　樹（树）

狗也說 我不會爬的

狗請大家唱歌

鵝說 我會唱的

貓也說 我會唱的

鵝貓狗 就一同唱個歌

繁与简

個（个）

早上　哥哥看見弟弟
對弟弟說　你早
弟弟也對哥哥說　你早
哥哥弟弟看見爸爸
一同對爸爸說　你早

繁与简
見（见）
對（对）
說（说）

爸爸也對哥哥弟弟説 你們早
哥哥弟弟看見媽媽
一同對媽媽説 你早
媽媽也對哥哥弟弟説 你們早

繁与简
們（们）
媽（妈）

爸爸說 我們來做一回遊戲

我指頭 大家點點頭

我指手 大家拍拍手

我指左 大家就向左

我指右 大家就向右

繁与简

說（说）們（们）來（来）遊（游）戲（戏）頭（头）點（点）

媽媽説 我們再做一回遊戲

看我指着頭 大家指着手

看我指着手 大家指着頭

看我指向右 大家要向左

看我指向左 大家要向右

繁与简

媽（妈）

爸爸拿一個喇叭

給弟弟吹　吹不響

弟弟給哥哥吹　也吹不響

哥哥給姐姐吹　也吹不響

姐姐給爸爸吹

繁与简

個（个）

給（给）

響（响）

嘩打打 嘩打打 吹響了
爸爸再給弟弟吹
嘩打打 嘩打打 也吹響了
弟弟再給哥哥吹
嘩打打 嘩打打 也吹響了
哥哥再給姐姐吹
嘩打打 嘩打打 也吹響了

繁与简
嘩（哗）

大喇叭　小喇叭

吹起喇叭

嗶打打　嗶打打

喇叭吹到大樹下

吹醒一匹大的馬

跑來聽我吹喇叭

繁与简

嗶（哔）樹（树）馬（马）來（来）聽（听）

喇叭吹到小樹下
吹醒一匹小的馬
跑來聽我吹喇叭
大喇叭　小喇叭
吹起喇叭
嘩打打　嘩打打

羊 貓 馬 狗

菜 樹 米 手

拍手 點頭 唱歌 吹喇叭

爬樹 游水 拔菜 吃飯

繁与简

貓（猫） 馬（马） 樹（树） 點（点） 頭（头） 飯（饭）

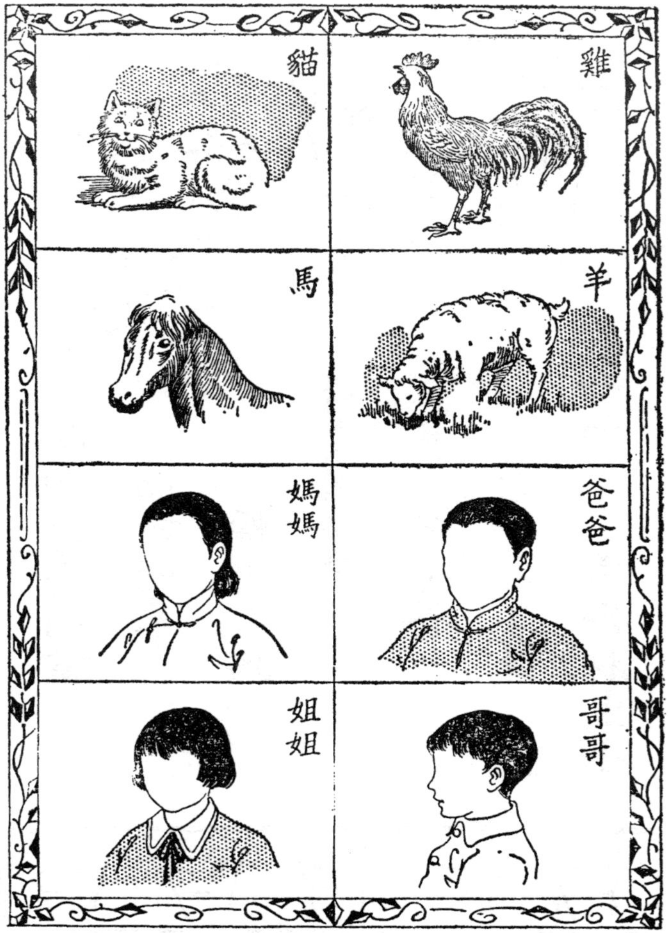

繁与简

雞（鸡）

媽（妈）

哥哥畫好兩幅畫
一幅畫頭羊
一幅畫匹馬
哥哥給弟弟
弟弟給爸爸
爸爸看了説
一頭羊 畫得腳太小

繁与简

畫（画）兩（两）頭（头）馬（马）給（给）説（说）腳（脚）

我畫的羊

我畫的馬

一匹馬 畫得頭太大

弟弟去對哥哥說

一頭羊 畫得腳太小

一匹馬 畫得頭太大

不好 不好

重畫 重畫

繁与简

對（对）

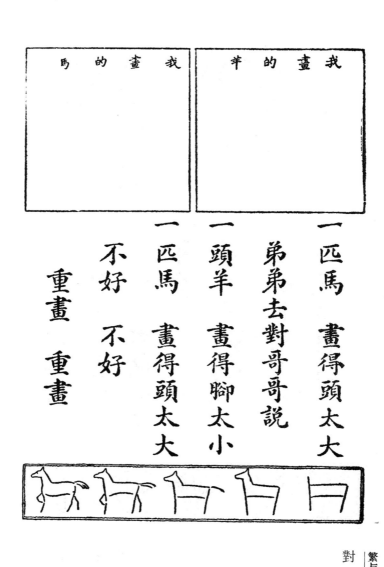

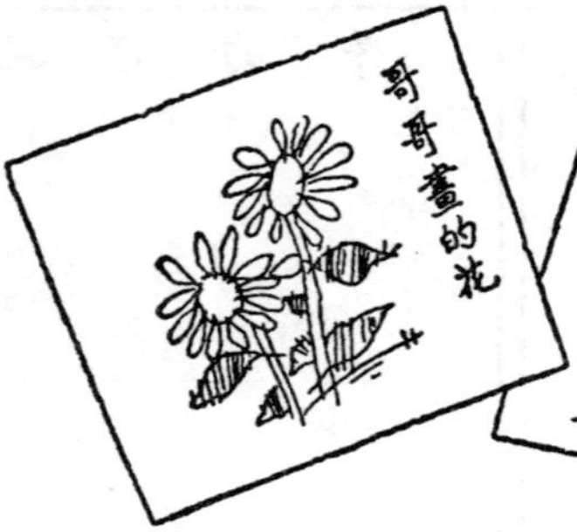

哥哥重畫兩幅畫
一幅畫的青菜
一幅畫的紅花
哥哥給弟弟
弟弟給媽媽
媽媽看了說
青菜畫得好

繁与简

畫（画）
兩（两）
紅（红）
給（给）
媽（妈）
說（说）

我也畫青菜

我也畫紅花

紅花也不差
弟弟去對哥哥說
青菜畫得好
紅花也不差
哥哥哈哈笑
弟弟笑哈哈

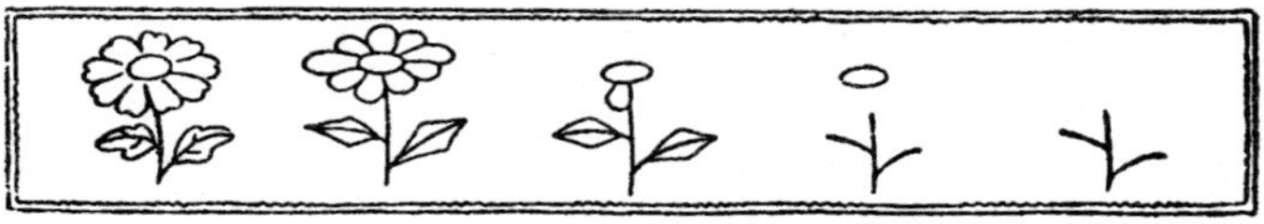

繁与简

對（对）

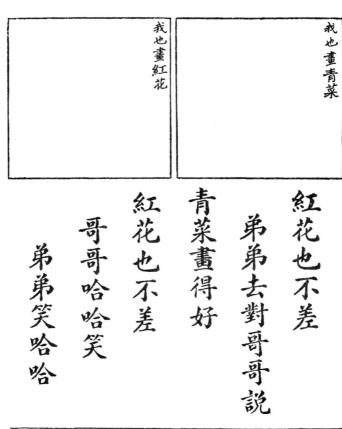

第二册

第一課 上學

小鳥叫 公雞啼，
哥哥弟弟同早起
同早起，上學校，
同學相見迷迷笑
迷迷笑，笑迷迷
上學故事講一個

繁与简
學（学） 鳥（鸟） 雞（鸡） 見（见） 講（讲） 個（个）

講完故事做遊戲
遊戲罷　同上課，
工作完了有讀書，
讀書完了有唱歌
唱歌唱歌聲音和，
上學上學真快樂。

繁与简

遊（游）
戲（戏）
罷（罢）
課（课）
讀（读）
書（书）
聲（声）
樂（乐）

第二課 種菜

先生叫我種菜，我種好了菜，唱個歌

看我這樣鋤地，
看我這樣鋤地，
鋤平地面，不高不低
看我這樣種菜，
看我這樣種菜，
種好一排 再種一排

繁与简

種（种） 個（个） 這（这） 樣（样） 鋤（锄）

看我這樣澆水，
看我這樣澆水，
澆了一囘 再澆一囘
看我這樣拔草，
看我這樣拔草，
拔去野草，多多少少

繁与简
澆（浇）
囘（回）

看我這樣捉蟲，
看我這樣捉蟲，
一個一個，不肯放鬆。
看我這樣澆糞，
看我這樣澆糞，
一處一處，澆得均匀

繁与简
蟲（虫）鬆（松）糞（粪）處（处）

第三課 一個蟲子

先生講一個吃菜蟲的故事

一個蟲子，
躲在菜上，
雞要吃他，
他想「雞比我兇
我要變做雞了」，

繁与简

個（个）
蟲（虫）
講（讲）
雞（鸡）
兇（凶）
變（变）

他再想「狗要欺雞的，
狗比雞兇，
還是變做狗罷」！
他再想「馬要欺狗的，
馬比狗兇，
還是變做馬罷」！

繁与简
還（还） 罷（罢） 馬（马）

他再想「老虎要欺馬的，
老虎比馬兇，
還是變做老虎罷」！
他再想「蟲子要叮老虎的，
蟲子比老虎兇，
還是變個蟲子罷」！

第四課 老虎是怎樣的

先生講一個故事

老白兔和小白兔，

一同去吃菜

老白兔説「你看見老虎來，

趕快逃。」

小白兔問「老虎是怎樣的？」

老白兔説「老虎身上有花紋的。」

繁与简

樣（样） 講（讲） 個（个） 説（说） 見（见） 來（来） 趕（赶） 問（问） 紋（纹）

小白兔看見一條毛蟲，
身上有花紋，
小白兔要逃，
老白兔說：「這是毛蟲！
不是老虎，不要逃」！
小白兔問：「老虎是怎樣的」？
老白兔說：「老虎有四隻脚的」！

繁与简

條（条）
蟲（虫）
這（这）
隻（只）
脚（脚）

小白兔看見一隻烏龜，
小白兔要逃，
老白兔說：「這是烏龜，
不是老虎，不要逃」！
小白兔問：「老虎是怎樣的」？
老白兔說：「老虎是有長尾巴的」。

繁与简
烏（乌）
龜（龟）
長（长）

小白兔看見一隻老鼠，
小白兔要逃，
老白兔說：「這是老鼠，
不是老虎，不要逃」！
小白兔問：「老虎是怎樣的」？
老白兔說：「老虎的身體很大的」。

繁与简

體（体）

小白兔看見一隻水牛，
小白兔要逃，
老白兔說：「這是水牛，
不是老虎，不要逃」！
小白兔問：「老虎是怎樣的」？
老白兔說：「老虎的身體很大，
身上有花紋，有四隻腳，
一條長尾巴的」。

小白兔真的看見一隻老虎，
小白兔要逃，
老白兔說：「這是老虎，
快逃！快逃！」
小白兔，老白兔，一同逃回家裏。
老虎跑開了，小白兔，老白兔，
再一同出來吃菜。

繁与简

回（回）
裏（里）
開（开）

第五課 想畫一幅畫

故事講完了，我想畫幅畫，
拿起一枝筆，先畫一匹馬。
畫馬難畫頭，改畫一隻狗，
畫狗難畫鼻，改畫一隻雞。
畫雞難畫腳，改畫一隻貓

繁与简

畫（画） 講（讲） 筆（笔） 馬（马） 難（难） 頭（头） 隻（只） 雞（鸡） 腳（脚） 貓（猫）

畫貓難畫頭，改畫一隻鷹
畫鷹難畫臉，改畫一隻燕
畫燕難畫胸，改畫一條蟲
畫蟲畫得好，先生對我笑，
我畫許多蟲，爬蟲和飛蟲

繁与简

頸（颈） 鷹（鹰） 臉（脸） 條（条） 蟲（虫） 對（对） 許（许） 飛（飞）

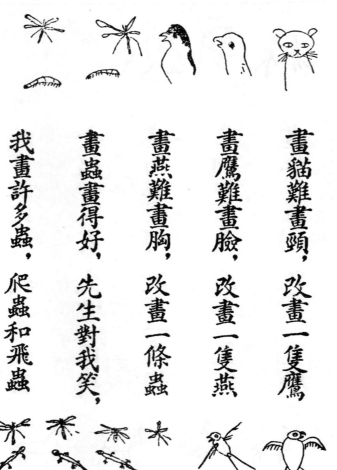

第六課 上操

排隊上操，
上操認真，
頭向左轉，
左轉右轉，
一二三四，
三二三四，

排隊上操，
身體會好。
頭向右轉，
頭不要彎。
二二三四，
四二三四。

繁与简

隊（队） 認（认） 體（体） 會（会） 頭（头） 轉（转） 彎（弯）

手向前舉，手向上舉

前舉上舉，手不要屈

一二三四，二二三四

三二三四，四二三四

腰向左彎，腰向右彎，

左彎右彎，動作要慢

繁与简

舉（举）

動（动）

一二三四，二二三四，
三二三四，四二三四。
腳向左踢，腳向右踢，
左踢右踢，動作要齊。
一二三四，二二三四，
三二三四，四二三四。

繁与简
腳（脚）
齊（齐）

第八課　雞貓狗愛吃的東西

今天放學回家，
我拿一棵菜，
給貓吃，貓不要吃
給狗吃，狗不要吃
給雞吃，雞愛吃菜，
把菜吃完了

繁与简
雞（鸡）
貓（猫）
愛（爱）
東（东）
學（学）
給（给）

我拿一條魚，
給狗吃，狗不要吃。
給雞吃，雞不要吃。
給貓吃，貓愛吃魚，
把魚吃完了。

繁与简
條（条）
愛（爱）

我拿一塊肉，
給雞吃，雞不要吃，
給貓吃，貓不要吃，
給狗吃，狗愛吃肉，
把肉吃完了。

繁与简
塊（块）

我拿三碗飯，
一碗給貓吃，貓愛吃飯，
把飯吃完了
一碗給狗吃，狗愛吃飯，
把飯吃完了
一碗給雞吃，雞也愛吃飯，
把飯吃完了

繁与简
飯（饭）

第九課　各愛各的

姐姐對我說

「我不愛養雞，我不愛養狗，

我愛養隻貓，抱了同睡覺」。

哥哥對我說

「我不愛養貓，我不愛養雞，

我愛養隻狗，出門跟我走」。

繁与简

愛（爱）　對（对）　說（说）　養（养）　雞（鸡）　隻（只）　貓（猫）　覺（觉）　門（门）

弟弟對我說
「我不愛養狗，我不愛養貓，
我愛養隻雞，喔喔喔喔啼，
催我早早起」
我對大家說
「我愛養隻貓，抱了同睡覺，
又愛養隻狗，出門跟我走，

也愛養隻雞，喔喔喔喔啼，
催我早早起」

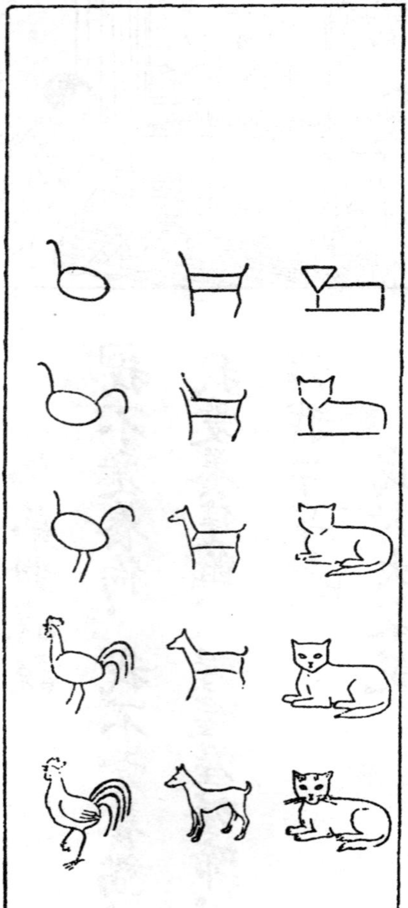

第十課 踢皮球

下面是姐姐講的故事

雞貓狗鴨一同踢皮球
雞先踢一腳，踢出去，
皮球落在貓的身邊
貓一腳踢出去，
球踢到樹枝裏．
貓不會上樹去拿，
狗不會上樹去拿，
鴨也不會上樹去拿，
雞就飛到樹上，把球拿下來了．

繁与简

講（讲） 雞（鸡） 貓（猫） 鴨（鸭） 腳（脚） 邊（边） 樹（树） 裏（里） 會（会） 飛（飞） 來（来）

貓踢皮球，一腳踢出去，
皮球落在狗的身邊。
狗一腳踢出去，
皮球踢到屋上
雞不會上屋去拿，
狗不會上屋去拿，
鴨也不會上屋去拿，
貓就爬到屋上，
把球拿下來了

狗踢皮球，一腳踢出去，
皮球落在鴨的身邊。
鴨一腳踢出去，
皮球落在樹洞裏
雞不會進洞去拿，
貓不會進洞去拿，
鴨也不會進洞去拿，
狗就跳到洞裏，
把球拿來了。

繁与简
進（进）

鴨踢皮球，一腳踢出去，
落在雞的身邊。
雞一腳踢出去，
皮球踢到水裏
雞不會下水去拿，
貓不會下水去拿，
狗也不會下水去拿，
鴨就游到水裏，
把球拿來了

第十一課 好朋友

今天先生講一個好朋友的故事

野鴨飛到河裏，
看見河裏的魚，
他對魚說：
「你是我的好朋友」。
野鴨飛到河邊，
看見河邊上的烏龜，
他對烏龜說：
「你是我的好朋友」。

繁与简

講（讲） 個（个） 鴨（鸭） 飛（飞） 裏（里） 見（见） 魚（鱼） 對（对） 説（说） 邊（边） 烏（乌） 龜（龟）

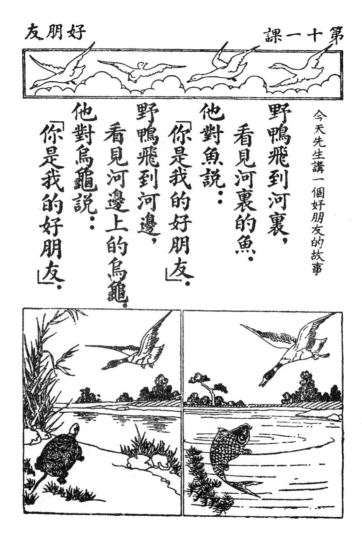

野鴨飛到田裏，
看見田裏的公雞．
他對公雞說：
「你是我的好朋友．」
野鴨飛到樹林裏，
看見樹林裏的小鳥
他對小鳥說
「你是我的好朋友．」

繁与简
雞（鸡）
樹（树）
鳥（鸟）

野鴨飛到山上，
野貓問他道
「你有幾個好朋友？」
野鴨道：
「我飛到河裏，
魚是我的好朋友，
我飛到河邊，
烏龜是我的好朋友，

繁与简
貓（猫）
問（问）
幾（几）

我飛到田裏，
公雞是我的好朋友；
我飛到樹林裏，
小鳥是我的好朋友；
我隨便飛到那裏，
都有我的好朋友。」

第十二課 我的好朋友

先生問我：
你有幾個好朋友

我有許多好朋友

學平天天和我同早起，
學平是我的好朋友

學年天天和我同上學，
學年是我的好朋友

繁与简
問（问）
幾（几）
個（个）
許（许）
學（学）

紀園天天和我同做工，
紀園是我的好朋友
紀方天天和我同讀書
紀方是我的好朋友
守真天天和我同遊戲，
守真是我的好朋友

繁与简

紀（纪）園（园）讀（读）書（书）遊（游）戲（戏）

守信天天和我同囘家，
守信是我的好朋友
我的朋友好，我的朋友多，
朋友好，朋友多，
多少朋友在一起，
拍手同唱快樂歌

繁与简
囘（回）
樂（乐）

第十三課　我家有幾人

今天到校，有個小朋友問我家裏有多少人，我就請他猜

我家有幾人？請你猜一猜．
爸爸上街去賣柴，
媽媽在家種青菜
哥哥姐姐住在外婆家，
已經十天没回來．
妹妹年紀小，
天天要吃奶
我家有幾人？請你猜一猜

繁与简

幾（几）個（个）問（问）裏（里）請（请）賣（卖）媽（妈）種（种）經（经）回（回）來（来）紀（纪）

第十五課 小鳥回家

我看了門前的大樹和小樹 就唱一個歌

小樹低，大樹高，
大小樹上有鳥巢
飛呀飛呀飛來一隻鳥，
飛到樹上吱吱叫，
飛呀飛呀飛來兩隻鳥，
飛到樹上撲撲跳

繁与简

鳥（鸟） 回（回） 門（门） 樹（树） 飛（飞） 來（来） 隻（只） 兩（两） 撲（扑）

飛呀飛呀飛來三隻鳥，
飛到樹上做舞蹈
飛呀飛呀飛來四隻鳥，
飛到樹上刷羽毛．
刷羽毛，羽毛好，
刷好羽毛去睡覺

繁与简
覺（觉）

第十六課　一個笨人

我看了小鳥回家
吃過晚飯。

我也回家
聽爸爸講故事：

一個笨人，買了一頭牛。牛要天天吃草，笨人就把牛去換一隻豬　豬要天天吃豆餅，笨人就把豬去換一隻狗　狗要天天吃飯，笨人就把狗去換一隻兔子　兔子要天天吃菜，笨人就把兔子去換一隻貓　貓要天天吃魚，笨人就把貓去換一隻雞。雞要天天吃米，笨人就把雞去換一隻鳥　笨人捉了鳥，鳥兒跳，鳥兒叫，笨人一放手，鳥兒飛去了，

繁与简

個（个）　鳥（鸟）　回（回）　過（过）　飯（饭）　聽（听）　講（讲）　買（买）　頭（头）　隻（只）　豬（猪）　餅（饼）　貓（猫）　魚（鱼）　雞（鸡）　兒（儿）　飛（飞）

第十八課　三隻羊

媽媽也講一個故事

一隻老羊，跑到山上，看見
一隻老狼　老狼要吃老羊，
老羊回頭就跑，響也不響
老羊回到家裏，告訴大羊．
大羊不信，他要跑到山上
到了山上，看見一隻老狼．
老狼要吃大羊，大羊回頭就
跑，響也不響．

繁与简

隻（只）　媽（妈）　講（讲）　個（个）　見（见）　回（回）　頭（头）　響（响）　裏（里）　訴（诉）

大羊回到家裏，告訴小羊．
小羊不信，他要跑到山上．
到了山上，看見一隻老狼
老狼要吃小羊，小羊回頭就
跑，響也不響
小羊回到家裏，告訴老羊．
老羊　大羊　小羊，一同商
量，合力去打老狼

媽媽講得很好聽　大家再請媽媽講下去

老羊　大羊　小羊，同向山上跑　小羊先跑到，大羊後跑到，老羊最後到

到了山上，看見小狼追來了，老羊　大羊　小羊，同打小狼，打死小狼迷迷笑　一同跑下山，回家去睡覺

繁与简

媽（妈）講（讲）聽（听）請（请）後（后）見（见）來（来）回（回）覺（觉）

第二天清早，老羊 大羊 小羊，一同再向山上跑。大羊先跑到，老羊後跑到，小羊最後到。

到了山上，看見老狼追來了 老羊 大羊 小羊，同打老狼，打死老狼迷迷笑，一同跑下山，回家去睡覺

第三天清早，老羊 大羊
小羊，一同再向山上跑 老
羊先跑到， 小羊後跑到 大
羊最後到
到了山上，看見大狼追來了。
老羊 大羊 小羊，同打
大狼，打死大狼迷迷笑，一
同跑下山，回家去睡覺

第二十課　唱山歌

媽媽講完了故事，再教我們唱山歌

什麼東西有脚不會跑？什麼東西没脚推不倒？

什麼東西夜裏不要睡？什麼東西起身最最早？

洋娃娃有脚不會跑，不倒翁没脚推不倒，

貓兒們夜裏不要睡，公雞們起身最最早。

繁与简

媽（妈）講（讲）們（们）麼（么）東（东）脚（脚）會（会）裏（里）貓（猫）兒（儿）雞（鸡）

第二十一課　三個謎

第二天早上　爸爸再叫我猜謎

爸爸叫我猜三個謎．第一個謎是

「有頭沒尾巴　眼小嘴兒大　住在青草裏　會跳又會爬」．

這個謎，我猜不着　爸爸說：「這是　」

爸爸叫我猜第二個謎．

「有頭有尾巴　老鼠見他怕　住在我家裏　我們都愛他」．

這個謎，我也猜不着　爸爸說「這是　」

爸爸叫我猜第三個謎

「沒頭沒尾巴　又圓又光滑　住在窠兒裏　母雞是媽媽」．

這個謎，我也猜不着　爸爸說「這是　」

繁与简

個（个）　謎（谜）　頭（头）　兒（儿）　裏（里）　會（会）　這（这）　說（说）　見（见）　們（们）　愛（爱）　圓（圆）　雞（鸡）　媽（妈）

第二十二課　練習

猜猜看？

①

我天天早起，
我會喔喔啼，
我愛吃菜，
我愛吃米，
我是什麼？
請你猜。

②

我會叫，
我會飛，
我有兩隻腳，
我有一個尾，
我是什麼？
請你猜。

③

我沒有腳，
我沒有手，
我不會在地上走，
我只會在水裏游，
我是什麼？
請你猜。

④

我會飛到河裏，
我會飛到河邊，
我會飛到山上，
我會飛到樹林裏，
我是什麼？
請你猜。

繁与简

練（练）習（习）會（会）愛（爱）麼（么）請（请）飛（飞）兩（两）隻（只）腳（脚）個（个）裏（里）邊（边）樹（树）

第二十三課　母雞和母鴨

今天開同樂會，學平講個故事

一隻母雞，生一個雞蛋

一隻母鴨，生一個鴨蛋

母鴨對母雞說

「我的蛋大　你的蛋小，你不及我」

母雞說　「是　是」

繁与简

雞（鸡）　鴨（鸭）　開（开）　樂（乐）　會（会）　學（学）　講（讲）　個（个）　隻（只）　對（对）　説（说）

雞蛋孵得快，鴨蛋孵得慢。
母雞對母鴨說：
「你的蛋不及我孵得快。」
母鴨說：「是！是！」

小鴨長得快，小雞長得慢。
母鴨對母雞說：
「你的小雞不及小鴨長得快。」
母雞說：「是！是！」

繁与简
長（长）

小雞跑得快，小鴨跑得慢

母雞對母鴨說

「我們小雞本領大」

母鴨說：「是！是！」

小鴨會游水，小雞不會游水

母鴨對母雞說

「我的小鴨本領大」

母雞說「是 是」！

繁与简

們（们）

領（领）

小雞長大了，會得啼。
小鴨長大了，不會啼。
母雞對母鴨說
「我的小雞本領大」
母鴨說：「你說你的好，
我說我的好，
大家都不差，
以後不要誇口了」。
母雞說「是，是」

繁与简
後（后）
誇（夸）

同學會裏　紀生唱一個歌

白媽媽養隻花白貓，
白伯伯養隻白脚貓
兩隻貓同在屋上跑
不知道白媽媽的花白貓，
追白伯伯的白脚貓，
還是白伯伯的白脚貓，
追白媽媽的花白貓．

紀生唱完，大家拍手說好

繁与简
貓（猫）學（学）會（会）裏（里）紀（纪）個（个）媽（妈）養（养）隻（只）脚（脚）兩（两）還（还）說（说）

第三册

第一課 我的住家

我的住家，住在山下。
前門種樹，年年開花。
後門種竹，枝枝粗大。
屋左有田，種豆種瓜。
屋右有池，養魚養蝦。
日出工作，日没回家；
一家大小，快樂無涯

繁与简

門（门） 種（种） 樹（树） 開（开） 後（后） 養（养） 魚（鱼） 蝦（虾） 回（回） 樂（乐） 無（无）

第二課　不怕没飯吃

下面是一個鄰家的故事

我的住家旁邊，有一個平兒，他没有飯吃　就替人家做工．有一天　做工完了，人家給他一袋麥．

平兒走到河邊，看見一個捉魚人　捉魚人向他討麥，他就把一袋麥給捉魚人　捉魚人拿了麥，給他一条大魚，

平兒走到山下，看見一個樵夫　樵夫向他討魚　他就把一条大魚給樵夫，樵夫拿了大魚，給他一擔柴．

繁与简

飯（饭）　個（个）　鄰（邻）　邊（边）　兒（儿）　給（给）　麥（麦）　見（见）　魚（鱼）　討（讨）　擔（担）

平兒走到樹下，看見一個農夫。農夫向他討柴，他就把一擔柴給農夫。農夫拿了柴，給他一塊地。

平兒在這塊地上，種了許多麥。收了麥，再種稻，收了稻，又種麥。從此平兒天天種田，不怕沒飯吃了。

繁与简

樹（树）
農（农）
塊（块）
這（这）
種（种）
許（许）
從（从）

第三課 騎馬

下面也是一個鄰家的故事

平兒和他的爸爸，牽了一匹馬，平兒在前面走，他的爸爸在後面走，一同進城去買東西。

「馬來馬來！讓開讓開，」走路人看見了，都笑道：「他們有了馬，為什麼不騎？」爸爸聽見了，就叫平兒騎在馬上。

「馬來馬來！讓開讓開！」走路人看見了，都笑道：「為什麼年老的人不騎馬，年輕的人倒騎在馬上呢？」爸爸聽見了就叫平兒下來，自己騎在馬上。

繁与简

騎（骑） 馬（马） 個（个） 鄰（邻） 兒（儿） 牽（牵） 後（后） 進（进） 買（买） 讓（让） 開（开） 們（们） 爲（为） 麼（么） 聽（听） 輕（轻）

「馬來馬來讓開讓開」，走路人看見了，都笑道：「爲什麼做爸爸的，不讓兒子騎在馬上呢？」爸爸聽見了，就和平兒一同騎在馬上

「馬來馬來！讓開讓開！」走了幾步，馬跪下來了。爸爸就叫平兒牽了那匹馬，一同囘到家裏，不再進城去買東西了。

繁与简

來（来） 見（见） 幾（几） 囘（回） 裏（里） 東（东）

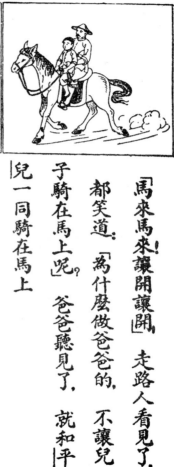

第四課　真民請客

「真民真民那裏來?」「家裏來.」

「來做什麼?」「找引針.」

「找了引針做什麼?」「補米袋.」

「補了米袋做什麼?」「買米.」

「買了米做什麼?」……「磨粉.」

「磨了粉做什麼?」「做糕.」

「做了糕做什麼?」「請客.」

「客人什麼時候來?」「明天來.」

「來了做什麼?」請你猜一猜.」

繁与简

請（请）　裏（里）　來（来）　麼（么）　針（针）　補（补）　買（买）　時（时）

第五課　山歌會(一)

客人來了，各人吃一塊糕。吃罷糕，開一個山歌會。

山歌會裏，各人唱一個歌。

真民唱個謎，叫大家猜：

「十個小朋友，人人身上有；

五個坐在左，五個坐在右；

大家會做工，只是不開口。」

葉珠猜是洋娃娃，真民説：「不是！」

張珍猜是脚，真民説：「只差一些！」

大家猜不着，真民舉起兩隻手，

對大家説：「請你們看罷！」

繁与简

會（会）　來（来）　塊（块）　罷（罢）　開（开）　個（个）　裏（里）　謎（谜）　葉（叶）　説（说）　脚（脚）　舉（举）　兩（两）　隻（只）　對（对）　請（请）

第六課 山歌會(二)

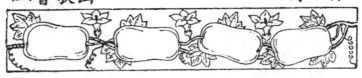

時和唱個兒歌：

「冬瓜冬瓜 籐上開花；

一朵向上， 一朵向下；

朵朵花兒， 都會結瓜。

小冬瓜， 像枕頭；

大冬瓜， 像娃娃。

拍拍娃娃睡在枕頭上，

一覺醒來笑哈哈。」

時和唱罷， 大家拍手稱好。

繁与简

會（会） 時（时） 個（个） 兒（儿） 籐（藤） 開（开） 結（结） 頭（头） 覺（觉） 來（来） 罷（罢） 稱（称）

第七課 山歌會(三)

一民唱一個急口令：

「大哥有面破鼓，二哥有塊破布。

大哥要拿二哥的破布補破鼓，

二哥答應在破鼓上補破布。

還是破布補破鼓，

還是破鼓補破布。」

一民唱罷，大家也想學唱一回。

只聽得「破布破鼓」的鬧了一陣。

繁与简

會（会） 個（个） 塊（块） 補（补） 應（应） 還（还） 罷（罢） 學（学） 囘（回） 聽（听） 鬧（闹） 陣（阵）

守信唱一個笑話歌：

「哥哥弟弟睡一起，哥哥叫弟弟。
弟弟不肯理，哥哥大聲叫。
弟弟笑嘻嘻，哥哥問弟弟：
「爲什麼叫你你不理」？弟弟說：
「我睡着了，怎麼會開口」呢？
哥哥說：「你睡着了，再會回答我，
希奇不希奇」？弟弟說：「我在這裏說夢話，
不是回答你，對不起！對不起」！

大家說：「這個歌兒唱得很有趣」。

繁与简

會（会）個（个）話（话）聲（声）問（问）爲（为）麼（么）説（说）開（开）回（回）這（这）裏（里）夢（梦）對（对）兒（儿）

第十課　故事會(一)

山歌會開罷　再開故事會

一民講一個「珍珠和米」的故事：

弟弟説：「珍珠很貴，我愛珍珠，」

哥哥説「米的用處大，我愛米。」

弟弟説：「一顆珍珠，可買許多米，

不是珍珠比米好嗎？」

繁与简

會（会）開（开）罷（罢）講（讲）個（个）説（说）貴（贵）愛（爱）處（处）顆（颗）買（买）許（许）嗎（吗）

哥哥說：「米可以吃，珍珠不可以吃。」
弟弟說：「賣了珍珠買米，便怎樣？」
哥哥說：「如果大家肚子餓了，請問誰要買珍珠？」
弟弟急了，就說：「我要買的！」
哥哥笑道：「如果荒年少了米，你還是買珍珠呢？還是買米？」
弟弟想了一想說：「到那時候再說罷！」

繁与简

賣（卖）樣（样）餓（饿）請（请）誰（谁）還（还）時（时）罷（罢）

第十一課 故事會(二)

真民講一個「公雞種稻」的故事

公雞種稻，請黑兔來布穀，黑兔說：「要吃飯，自己做。」

公雞自己去布穀，布了穀，請白兔來戽水，白兔說：「要吃飯，自己做。」

公雞自己去戽水，戽了水，請灰兔來插秧，灰兔說：「要吃飯，自己做。」

繁与简

會（会） 講（讲） 個（个） 雞（鸡） 種（种） 請（请） 來（来） 穀（谷） 説（说） 飯（饭）

公雞自己去插秧，插了秧，請花兔來拔草，花兔說：「要吃飯，自己做。」

公雞自己去拔草，拔了草，請黑鴨來捉蟲，黑鴨說：「要吃飯，自己做。」

公雞自己去捉蟲，捉了蟲，請白鴨來割稻，白鴨說：「要吃飯，自己做。」

繁与简

鴨（鸭）

蟲（虫）

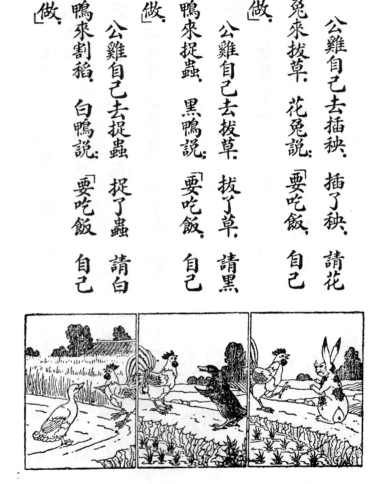

公雞自己去割稻，割了稻，請灰鴨來磨穀，灰鴨說：「要吃飯，自己做。」

公雞自己去磨穀，磨了穀，請花鴨來煮飯，花鴨說：「要吃飯，自己做。」

公雞自己去煮飯，煮了飯，兔子鴨子都要來吃。公雞說：「要吃飯，自己做。」

時和聽真民講完一個故事
他接着也講一個故事

老雞不見了一隻小雞，出門去找。老雞走到河邊，不看見小雞。老雞問花鴨，花鴨說：「我只聽見小雞吱吱吱，不知道小雞在那裏。」老雞走到橋上，不看見小雞。老雞問小狗，小狗說：「我只聽見小雞吱吱吱，不知道小雞在那裏。」

繁与简

會（会）　時（时）　聽（听）　講（讲）　個（个）　雞（鸡）　見（见）　隻（只）　門（门）　邊（边）　問（问）　鴨（鸭）　説（说）　裏（里）　橋（桥）

老雞走到園裏，不看見小雞，老雞問小鳥，小鳥說：「我只聽見小雞吱吱吱 不知道小雞在那裏。」

老雞走到田裏，不看見小雞，老雞問田鼠 田鼠說：「你的小雞剛才在這裏，現在已經走到園裏去吃東西。」

繁与简

園（园）
鳥（鸟）
剛（刚）
這（这）
現（现）
經（经）
東（东）

老雞囘到園裏，又不見小雞，老雞再問小鳥，小鳥說：「你的小雞，剛才在這裏，現在已經走到橋上去吃東西。」

老雞囘到橋上，又不見小雞，老雞再問小狗，小狗說：「你的小雞，剛才在這裡，現在已經走到河邊去吃東西。」

繁与简

囘（回）

老雞回到河邊　又不見小雞，老雞再問花鴨，花鴨說：「你的小雞，剛才在這裏，現在已經回到家裏。」

老雞回到家裏，看見了小雞，就拍拍小雞，小雞也拍拍老雞。小雞老雞，快快活活，睡在一起。

故事會開罷　大家回去

繁与简

會（会）

罷（罢）

第十四課　摇到外婆家

爸爸叫我到外婆家去

摇，摇，摇，向前摇，
摇過大竹園，摇過小木橋，
摇到外婆家，外婆看見對我笑，
給我茶一杯，糕一包，
叫我先喝茶，再吃糕，
舅母買條魚，放在鍋裏燒，
頭不熟，尾巴焦，拿了頭再燒燒，
燒得滋味好，吃了迷迷笑，

繁与简

過（过）　園（园）　橋（桥）　見（见）　對（对）　給（给）　買（买）　條（条）　魚（鱼）　鍋（锅）　裏（里）　燒（烧）　頭（头）

第十五課 獅子吃牛

我在外婆家 吃罷了飯 聽外婆講故事。

獅子要吃牛。老牛說：「謝謝你，請你放了我罷！」獅子說：「我的肚子餓了，就吃你一個身體 還你四隻腳罷。」

老牛急了 就說：「謝謝你，不要吃我罷，」獅子說「我的肚子很餓了，就吃你四隻腳，還你一個身體罷。」

老牛哭了 就說：「謝謝你，一些也不要吃我罷！」

繁与简

獅（狮） 罷（罢） 飯（饭） 聽（听） 講（讲） 説（说） 謝（谢） 請（请） 餓（饿） 個（个） 體（体） 還（还） 隻（只） 腳（脚）

獅子說：「我的肚子餓極了，就吃你一個頭，還你一個身體和四隻腳罷」。

老牛聽得獅子說着「頭」，他才想到頭上有兩個角，就挺起了角，向獅子身上撲過去，獅子嚇得逃走了。

繁与简

極（极） 頭（头） 兩（两） 撲（扑） 過（过） 嚇（吓）

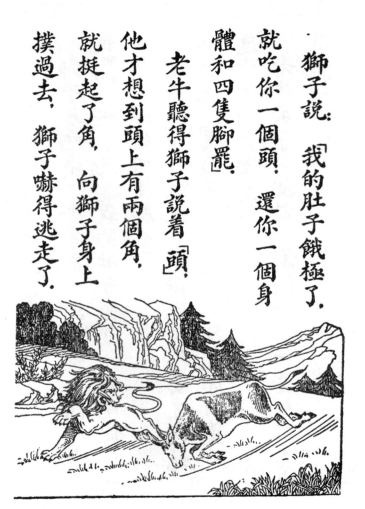

第十六課　狼找羊吃

外孫聽得很有趣　叫外婆再講一個

外婆說好，就講下來了。

一隻老狼，要到村裏去找羊吃　看見公雞，就對公雞說：「我不吃你，要吃羊，請問羊在那裏？」公雞說：「我來領你去問貓。」公雞領着老狼去見貓。狼對貓說：「我不吃你，要吃羊，請問羊在那裏？」貓說：「我來領你去問牛。」

貓和公雞領着老狼去見牛。狼對牛說：「我

繁与简

孫（孙）聽（听）講（讲）個（个）說（说）來（来）隻（只）裏（里）雞（鸡）對（对）請（请）問（问）領（领）貓（猫）見（见）

不吃你，要吃羊，請問羊在那裏」？牛說：「我來領你去問羊的守門人。」

牛、貓 和公雞，領着老狼，走到羊棚外。狗在看守羊棚門，看見狼來就咬狼。狼要逃走，公雞飛到狼的頭上，啄狼的眼睛。貓跳到狼的背上，咬狼的背。牛跑到狼的前面，用角撞狼的肚子。老狼逃不動，就被大家打死。

故事講完 時光已不早 外婆請一個人 送外孫回去

繁与简

門（门）
飛（飞）
頭（头）
動（动）
時（时）
請（请）
回（回）

第十七課　寫信給外婆

親愛的外婆：

前天我回到家裏，剛走進門，便看見爸爸，爸爸給我一本小書，名叫小山歌，書裏有二十多個山歌，現在我把最有趣的一個，寫給你看看：

「小寶寶，學兵操，竹做鎗，木做刀，一二一二向前跑」。

你的外孫馬學平

繁与简

寫（写）給（给）親（亲）愛（爱）回（回）裏（里）剛（刚）進（进）門（门）見（见）書（书）個（个）現（现）寶（宝）學（学）鎗（枪）孫（孙）馬（马）

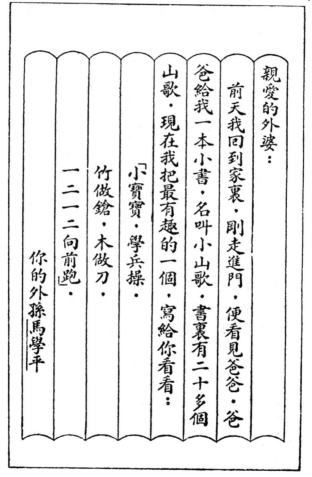

第十八課　郵差送信

一個郵差，送信到外婆家。

郵差打着門，說道：「這裏可是姓江的？」

外婆說：「舊缸沒有破，新缸不要。」

郵差說：「我是郵差。」

外婆說：「今天我們買了大魚，不要再買油菜。」

郵差說：「我來送信的。」

外婆說：「一斤也不要，那裏要三斤呢？」

郵差說：「快快開門。」

外婆說：「你說我太笨嗎？豈有此理！」

外婆開門一看，原來是郵差，大家嘻嘻哈哈笑個不住。

繁与简

郵（邮）個（个）門（门）說（说）這（这）裏（里）舊（旧）買（买）魚（鱼）來（来）開（开）嗎（吗）豈（岂）

郵差把信給外婆，外婆拆開一看，知道是外孫寫的信。他就寫了一封回信，寄給外孫。

真兒：

你寫給我看的山歌，很好很好！現在我再寫一個笑話給你看：

一天，一個小孩要出門去看朋友。恐怕下雨，就帶了雨具。

帶了雨具，又恐怕風大，就放了雨具，帶

繁与简

給（给）孫（孙）寫（写）回（回）兒（儿）現（现）個（个）話（话）帶（带）風（风）

了棉衣·

帶了棉衣，又恐怕天熱，就放了棉衣，帶了扇子·

帶了扇子，又恐怕有時風大，有時下雨，就把雨具，棉衣，扇子，一起帶了出去·

你想這個小孩笨不笨？

你的外婆

月　日

繁与简

熱（热）

時（时）

第二十課 練習

一圖造一個故事

繁与简
練（练） 習（习） 圖（图） 個（个）

第四册

第一課 讀書好

春天到、讀書好。
獨坐草地上、伴我有小鳥。

夏天到、讀書好。
綠樹做涼棚、靜聽蟬兒叫。

秋天到、讀書好。
唧唧蟲子聲、月光滿地照。

冬天到、讀書好。
黃葉到處飛、白雪飄又飄。

繁与简

讀（读） 書（书） 獨（独） 鳥（鸟） 緑（绿） 樹（树） 涼（凉） 聽（听） 蟬（蝉） 兒（儿） 蟲（虫） 聲（声） 滿（满） 葉（叶） 處（处） 飛（飞） 飄（飘）

第二課　風雨裏上學

弟弟「風也大　雨也大，好哥哥，今天不要上學去　坐在家裏講講故事罷！」

哥哥「風大　我不怕；雨大　更不怕　我要上學去，不請一天假。」

弟弟：「好　書包讓我挾，雨傘請你拿，一同上學罷。」

哥哥「走　走　走　時光不早了　趕快走罷！」

哥哥弟弟一同到校

繁与简

風（风）　學（学）　裏（里）　講（讲）　罷（罢）　請（请）　書（书）　讓（让）　挾（挟）　傘（伞）　時（时）　趕（赶）

弟弟——「啊呀！雨傘破啦，啊呀，書包掉啦！好哥哥，怎麼辦法？」

哥哥——「不怕，不怕，不要怕，破傘書包我來拿，你把左手向我肩上搭一搭。」

繁与简

麼（么）

辦（办）

弟弟：「泥又濘，地又滑，步步要留心，一不留心就跌下。」

哥哥：「好弟弟，不要怕！如果你跌下，我就把你拉。」

弟弟：「好！學校到了，雨傘你去放，書包我來掛，放好東西一同去玩耍。」

先生：「風兒這樣大，雨兒這樣大，你們都不怕，真勇敢啊！真勇敢啊！」

繁与简

濘（泞）來（来）掛（挂）東（东）兒（儿）這（这）樣（样）們（们）

第三課 張良拾鞋

一天早晨，張良走到橋上，看見一個老人。老人對張良說：「我的鞋子掉了，請你替我拾起來。」張良拾了鞋子，恭恭敬敬的替老人穿在腳上

繁与简

張（张） 橋（桥） 見（见） 個（个） 對（对） 說（说） 請（请） 來（来） 腳（脚）

老人說：「好小孩，我有一種東西給你，隔五天早些到這裏來拿罷。」

隔了五天，張良看見太陽剛從東方出來，便起身趕到橋上，不料老人已經在橋上等他了。

老人說：「今天你來得遲了，這東西不能給你，再隔五天早些到這裏來拿罷。」

繁与简

種（种）東（东）給（给）這（这）裏（里）罷（罢）陽（阳）剛（刚）從（从）趕（赶）橋（桥）經（经）遲（迟）

隔了五天，張良聽見雞啼鳥叫，便起身趕到橋上，不料老人又在橋上等他了。老人說：「今天你又來得遲了，這東西不能給你，再隔五天到這裏來拿罷。」隔了五天，張良就在半夜裏趕到橋上，看見老人還沒有來，便在橋上坐着等他。

繁与简
聽（听）
雞（鸡）
鳥（鸟）
還（还）

不多時，老人來了。老人對張良說：

「今天你來得早了。我可以給你一部好書，你拿回去細細的讀罷！」

張良受了書，謝謝老人，回到家裏。

從此張良天天用功讀書，變成一個極聰明的人。

繁与简

時（时）
書（书）
細（细）
讀（读）
謝（谢）
回（回）
變（变）
極（极）
聰（聪）

第四課　不識馬的兒子

伯樂是能够識得好馬和壞馬的人。後來他老了，要把這些本領教給兒子。

伯樂對兒子說：「好馬的額角是扁平的，眼睛是凸出的，嘴巴是闊的，腳趾是分開的，你記得嗎？」

兒子聽了，就到外面來尋好馬。他在河岸上，看見一個東西，額角是扁平的，便快活

繁与简

識（识）　馬（马）　兒（儿）　樂（乐）　壞（坏）　後（后）　這（这）　領（领）　給（给）　對（对）　説（说）　闊（阔）　腳（脚）　開（开）　記（记）　嗎（吗）　聽（听）
尋（寻）　見（见）　個（个）　東（东）

道：「額角扁平的好馬呀！你的眼睛是怎樣的？」

他再看這個東西的眼睛，果真是凸出的，便哈哈大笑道：「眼睛凸出的好馬呀！你的嘴巴是怎樣的？」

他再看這個東西的嘴巴，果真是濶的，便拍手笑道：「濶嘴巴的好馬呀！你的脚趾是怎

繁与简
樣（样）

樣的?
他再看這個東西的脚趾，果真是分開的
便把這個東西捉住了，跑回家去
他跑進了大門，便喊道：「爸爸，你所說的
好馬，給我尋到一匹了。」伯樂奇怪道：「牽過
來看！」兒子拿出來一看，原來是一隻蝦蟆

繁与简

回（回）
進（进）
門（门）
尋（寻）
牽（牵）
過（过）
來（来）
隻（只）
蝦（虾）

笨孩子不懂怎樣招待客人　爸爸就教他幾句招待客人的話；可是他終記不清楚，後來，他想個方法　把爸爸教他的話寫在一張小紙上　放在衣袋裏，預備招待客人時，看一句字　說一句話。

一天，爸爸出去了　恰巧有個客人

繁与简

樣（样）　幾（几）　話（话）　終（终）　記（记）　後（后）　來（来）　個（个）　寫（写）　張（张）　紙（纸）　裏（里）　預（预）　備（备）　時（时）

來　客人問他道：「小弟弟，你的爸爸呢？」笨孩子一句話也不回答，連忙在衣袋裏亂摸　那知摸來摸去摸不到　客人再問道：「小弟弟，你的爸爸呢？」笨孩子急得無法可想　只好說道：「對不起！剛才是放在衣袋裏的　現在不知掉在那裏了！」

繁与简

問（问）
回（回）
連（连）
亂（乱）
無（无）
對（对）
剛（刚）
現（现）

第六課　笨貓找鑼

大貓想找一面小鑼玩，叫小貓去拿。小貓說：「我沒有見過小鑼，請問小鑼是怎樣的？」大貓說：「小鑼是有帶的。」小貓去找小鑼，找到一個錢袋，拿回來喊道：「小鑼來了！」大貓看了說：「錯了，下回你記好，小鑼是圓的。」小貓去找小鑼，找到一個銀圓，拿

繁与简

貓（猫）鑼（锣）說（说）見（见）過（过）請（请）問（问）樣（样）帶（带）個（个）錢（钱）回（回）來（来）錯（错）記（记）圓（圆）銀（银）

回來喊道：「小鑼來了！」大貓看了說：「錯了！下回你記好，小鑼是有邊的」小貓去找小鑼，找到一隻竹篩，拿回來喊道：「小鑼來了！」大貓看了說：「錯了！下回你記好小鑼是有光亮的」小貓去找小鑼，找到一面圓鏡子。拿回來喊道：「小鑼來了！」大貓看了說

繁与简

邊（边）
隻（只）
篩（筛）
鏡（镜）

「錯了！下回你記好，小鑼是敲得響的」．

小貓再出去找，找到一面真的小鑼．他就拾起一根竹頭，「鏜鏜鏜」的敲起來．

小孩子聽見鑼聲，就跑來看．小貓看見小孩子，連忙丟下小鑼，跑回家去

繁与简

響（响）
頭（头）
鏜（镗）
聽（听）
聲（声）
連（连）

第七課　白貓想吃鳥

樹上有一個鳥窩，老鳥出去尋食了。只留着兩隻小鳥在窩裏。

一隻白貓看見老鳥已經出去　他便爬到樹上　想吃兩隻小鳥　白貓打着小鳥的門說：「你的媽媽回來了，請你快開門」。小鳥說：「請問媽媽是怎樣的？」

白貓說：「白毛藍眼睛　走路沒聲音」。

小鳥說：「你不是我的媽媽，不開　不開　不能開」。

繁与简

貓（猫）開（开）
鳥（鸟）問（问）
樹（树）樣（样）
個（个）藍（蓝）
窩（窝）聲（声）
尋（寻）開（开）
兩（两）
隻（只）
裏（里）
見（见）
經（经）
門（门）
說（说）
媽（妈）
回（回）
來（来）
請（请）

到了下午、 白貓又看見老鳥飛出去了 他再爬到樹上、 打小鳥的門、 說：「我是你的媽媽回來了 請你快開門」、 小鳥說：「請問媽媽是怎樣的」？

白貓說：「白毛藍眼睛 走路沒聲音、 小魚拌飯吃、 老鼠當點心」、

小鳥說：「你不是我的媽媽 不開 不開不能開」、

明天早上、 白貓又看見老鳥飛出去了 他

繁与简

飛（飞）
魚（鱼）
飯（饭）
當（当）
點（点）

再爬到樹上，打小鳥的門　說：「我是你的媽媽回來了，請你快開門」，小鳥說：「請問媽媽是怎樣的？」

白貓說：「白毛藍眼睛，走路沒聲音，小魚拌飯吃，老鼠當點心，有時肚子餓　雀子也要吞」，說着　用力打小鳥的門，

小鳥急了，吱吱吱吱叫個不住　老鳥聽見了，趕快飛回來，一同啄白貓，白貓敵不過就逃走了，

繁与简

時（时）
餓（饿）
聽（听）
趕（赶）
敵（敌）
過（过）

第九課　小麻雀找媽媽

月亮出來了　老麻雀還不囘來，小麻雀就去尋，一邊飛　一邊喊道：「媽媽，媽媽，」

老鷹聽見了，答應道：「我是媽媽，」小麻雀問：「媽媽的嘴是怎樣的？」老鷹說：「彎的，」小麻雀不睬他　再向前飛　又喊道：「媽媽，媽媽！」

老貓聽見了　答應道：「我是媽媽，」小麻雀問：「媽媽的腳是怎樣的？」老貓說：「腳上有五個趾的，」小麻雀不睬他　再向前飛　又喊道：「媽媽，

繁与简

媽（妈）來（来）還（还）囘（回）尋（寻）邊（边）飛（飞）鷹（鹰）聽（听）見（见）應（应）問（问）樣（样）彎（弯）貓（猫）腳（脚）個（个）

媽媽!」

貓頭鷹聽見了,答應道:「我是媽媽!」小麻雀問:「媽媽的眼睛是怎樣的?」貓頭鷹說:「眼睛是圓而大的.」小麻雀不睬他,再向前飛又喊道:「媽媽,媽媽!」

布穀鳥聽見了,答應道:「你的媽媽在樹林裏,我來領你去.」他們在月光下,一同飛到樹林裏,找到了老麻雀,再一同飛囘家去

繁与简

頭(头)
圓(圆)
穀(谷)
樹(树)
裏(里)
領(领)
們(们)
囘(回)

第二十課 對唱歌

什麼花兒春天最早開？

什麼鳥兒春天最早來？

春天的迎春最早開，

春天的燕子最早來。

什麼花兒夏天開滿樹？

什麼鳥兒夏天水裏住？

夏天的石榴開滿樹，

夏天的鴨子水裏住。

繁与简

對（对） 麼（么） 兒（儿） 開（开） 鳥（鸟） 來（来） 滿（满） 樹（树） 裏（里） 鴨（鸭）

什麼花兒秋天陣陣香？
什麼鳥兒秋天排成行？
秋天的桂花陣陣香，
秋天的雁兒排成行。

什麼花兒冬天帶雪開？
什麼鳥兒冬天怕出來？
冬天的蠟梅帶雪開，
冬天的麻雀怕出來。

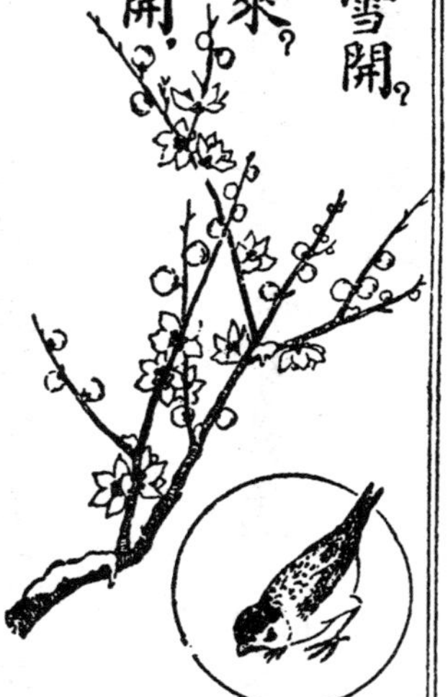

繁与简
陣（阵）
帶（带）
蠟（蜡）

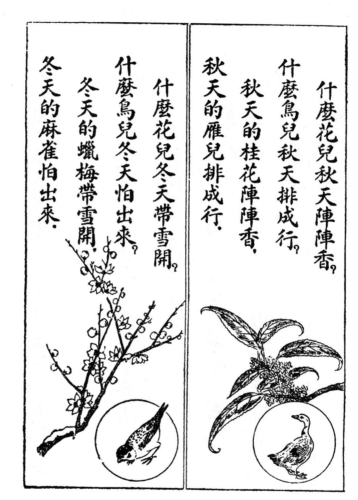

第十四課　印度人的故事

印度地方天氣很熱，各人身上穿的衣服，很少很少。

印度的女人，喜歡戴鐲子，和穿鼻子；印度的男人，喜歡用顏色的布裹頭。

印度人住的房子，富人用石做的，窮人用泥和草做的。

印度的小孩子，也要上學去

繁与简

氣（气）熱（热）歡（欢）鐲（镯）顏（颜）頭（头）窮（穷）學（学）

讀書．他們剛走到校便把鞋子脫下放在門外、再走到課堂裏坐在席上聽先生講書他們寫字畫圖都不用紙筆．只用一根小樹枝在沙上寫和畫他們很肯用功讀書讀書的聲音很響．我們難得聽了非常難過

印度的故事講完了下回再講一個黑人的故事．

繁与简

讀（读）難（难）書（书）個（个）們（们）剛（刚）門（门）課（课）裏（里）聽（听）講（讲）寫（写）畫（画）圖（图）紙（纸）筆（笔）樹（树）聲（声）響（响）

第十五課

黑人的故事

非洲地方有一種人　皮膚非常的黑　所以大家都稱他們叫黑人

黑人住的地方很熱　差不多一年四季可以不穿衣服的。

黑人住的房子，是用樹枝搭成　多數没有牆壁的　房子中間生着一堆火　火上放一個瓦罐，煮各種吃的東西。

繁与简

種（种）　膚（肤）　稱（称）　們（们）　熱（热）　樹（树）　數（数）　牆（墙）　間（间）　個（个）　東（东）

他們那裏　很多兇猛的野獸　有一種大象，單說兩個牙齒　已經有一丈多長．有一種長頸鹿　他能够站在地上　吃高樹上的葉子．更有許多獅子，常常成羣結隊的出來找東西吃　還有各種猴子，每到晚上　一齊出來偷吃黑人的麥　其他奇奇怪怪的動物，真是說不盡許多．

黑人的故事講完了　下回再講一個荷蘭人的故事．

繁与简

裏（里）兇（凶）獸（兽）單（单）說（说）兩（两）齒（齿）經（经）長（长）頸（颈）葉（叶）許（许）獅（狮）羣（群）結（结）隊（队）來（来）還（还）齊（齐）麥（麦）動（动）盡（尽）講（讲）蘭（兰）

第十六課 荷蘭人的故事

荷蘭的土地很溼 到處都長着長草，所以他們養的牛羊很多，他們有許多很大的風磨 利用了這種風磨，做磨粉或運水的用，

他們穿的鞋子很是奇怪，是一種木做的鞋船，穿在腳上，又厚又重，好在他們穿慣了，倒

繁与简

蘭（兰） 溼（湿） 處（处） 長（长） 們（们） 養（养） 許（许） 風（风） 這（这） 種（种） 運（运） 腳（脚） 慣（惯）

也不覺得不方便。

荷蘭人到了冬天，很喜歡溜冰。年老的人不能溜冰，就坐在椅子上，叫會溜冰的人推他。

荷蘭的小孩子，也和我們一樣，天天上學讀書，學習各種功課。

荷蘭的故事講完了，下回再講一個極冷地方的故事。

繁与简

覺（觉） 歡（欢） 會（会） 樣（样） 學（学） 讀（读） 書（书） 習（习） 課（课） 講（讲） 個（个） 極（极）

第十七課　愛司開莫人的故事

在極冷的地方，有一種人叫愛司開莫人　他們那裏，到了冬天，有許多時候不能看見太陽；到了夏天　有許多時候　連半夜裏也有太陽照着

他們不論男女老小　都穿皮的衣服　皮的袴子，連帽子和手套　也用皮做的，遠看起來，真好像一隻野獸

繁与简

極（极）種（种）愛（爱）開（开）們（们）裏（里）許（许）時（时）見（见）陽（阳）連（连）論（论）還（还）遠（远）隻（只）獸（兽）

他們住的房子，是用冰蓋的　房子四周　沒有門　也沒有窗，只有一個小小的洞，恰够一人爬進爬出

他們吃的東西　大概都是肉類　他們喜歡淡吃，飯菜裏連一些鹽也不要放的

他們的小孩子，最喜歡坐雪橇做滑冰游戲

上學讀書　很少很少的

愛司開莫人的故事也講完了．

繁与简

蓋（盖）門（门）個（个）進（进）東（东）類（类）歡（欢）飯（饭）鹽（盐）遊（游）戲（戏）學（学）讀（读）書（书）講（讲）

【注释】爱斯开莫，译爱斯基摩。

第十八課　黄蝴蝶和紅蜻蜓

黄蝴蝶　紅蜻蜓
一同飛下地　去找蒲公英，
蒲公英　毛蓬鬆，
趁着一陣風　飛西又飛東。
蝴蝶蜻蜓追上去
捉來捉去捉個空
蝴蝶氣得臉兒黄
蜻蜓急得滿身紅

繁与简

紅（红）　飛（飞）　鬆（松）　陣（阵）　風（风）　個（个）　氣（气）　臉（脸）　兒（儿）　滿（满）

第十九課 蜘蛛

蜘蛛在屋角上做了一個網 一隻蜻蜓飛在網上，蜘蛛笑道：「你這小東西，我就放了你罷！」

一會兒，一隻蝴蝶黏在網上，蜘蛛又笑道：「你這小東西，比蜻蜓也不如了，我就放了你罷！」

一會兒 一隻飛蛾撲在網上 蜘蛛又笑道：「你這小東西，比蝴蝶也不如了，我就放了你罷！」

繁与简

個（个） 網（网） 隻（只） 飛（飞） 這（这） 東（东） 罷（罢） 會（会） 兒（儿） 撲（扑）

一會兒，一個蒼蠅撞在網上　蜘蛛又笑道：「你這小東西　比飛蛾也不如了，我就放了你罷」！

一會兒　一個蚊蟲碰在網上　蜘蛛大笑道：「你這小東西，比什麼東西都不如了，我就放了你罷」！

一會兒，一隻麻雀飛近網來，蜘蛛快活道：「這個東西不小了，可以吃一個飽」。他剛想等麻雀撲上來　不料反被麻雀一口吞下了。

繁与简

蒼（苍）
蠅（蝇）
蟲（虫）
麼（么）
飽（饱）
剛（刚）
來（来）

第二十課 猜謎

和兒和愛兒在一起玩 和兒說一個謎語給愛兒猜。

「脚像細紗，嘴像錐子，飛的時候唱歌，碰到人來闖事」

愛兒想了一想，就說：「那是一隻蝦。」

和兒說：「蝦生在水裏，只會跳，不會飛，也不闖事的。」

愛兒再閉了眼睛 想了一會 說：

繁与简

謎（谜） 兒（儿） 愛（爱） 説（说） 個（个） 語（语） 給（给） 細（细） 錐（锥） 飛（飞） 時（时） 闖（闯） 隻（只） 蝦（虾） 裏（里） 會（会） 閉（闭）

「那一定是蜜蜂了」.
和兒笑道:「蜜蜂的嘴不像錐子,並且蜜蜂碰到人,不一定闖事的」.
愛兒想來想去想不出,就問道:「這樣東西可以吃嗎?」
和兒道:「你要吃他嗎?他要來吃你呢!」
愛兒拍手道:「猜着了,猜着了,這是蚊子」.

繁与简
並(并)
問(问)
這(这)
樣(样)
東(东)
嗎(吗)
來(来)

第二十一課 白魚吃蚊子

蚊蟲的子生在河裏，白魚游來，要吃他，

蚊蟲的子說：「現在我很小，等我長大了，給你吃。」

白魚說：「好！」搖搖頭，擺擺尾，游開了，

蚊蟲的子變了孑孓，白魚游來。要吃他

孑孓說：「現在我還小，等我長大了，給你吃。」

白魚說：「好！」搖搖頭，擺擺尾，又游開了，

孑孓變了蛹，浮在水面上，一動也不動，

繁与简

魚（鱼） 蟲（虫） 裏（里） 說（说） 現（现） 長（长） 給（给） 頭（头） 擺（摆） 開（开） 變（变） 來（来） 還（还） 動（动）

白魚游來，要吃他。蛹說：「現在我還小，等我長大了，給你吃。」

白魚說：「好！」搖搖頭，擺擺尾，又游開了。

蛹變了小蚊蟲，躲在水面上。白魚游來，要吃他。小蚊蟲說：「等我長大了，給你吃。」

白魚說：「不行！不行！我一定要吃你。」小蚊蟲說：「好！你來吃罷。」白魚吃小蚊蟲，小蚊蟲嗡嗡嗡嗡飛去了。

繁与简
罷（罢）
飛（飞）

第二十二課 蚊蟲和火螢

蚊蟲唱：

「小火螢 飛行又飛行，挨飢挨渴忙不停，何不飛過來，跟我去把小孩叮，叮呀叮 保你吃得笑盈盈」，

火螢唱：

「你的話 不中聽，屋外天氣涼，空氣清 正該各處去遊玩 悶在家裏易生病 我飢我渴自有露水喝，從來不願嘗血腥」，

繁与简

蟲（虫） 螢（萤） 飛（飞） 飢（饥） 過（过） 聽（听） 氣（气） 涼（凉） 該（该） 處（处） 遊（游） 悶（闷） 裏（里） 從（从） 願（愿） 嘗（尝）

蚊蟲唱：「青草裏，易受驚，屋角多黑暗 遊玩最安寧．露水淡 味兒很不行．吃的東西 那有比血還鮮美 還潔淨，來來來，快些跟我同把小孩叮．」

火螢唱：「你愛黑暗，我愛光明 我願飛下地，照得地上亮晶晶；我願飛上天 閃閃爍爍賽星星 最不願貪嘴昧良心 做個害人精．」

繁与简

驚（惊） 寧（宁） 東（东） 還（还） 鮮（鲜） 潔（洁） 淨（净） 來（来） 愛（爱） 願（愿） 閃（闪） 爍（烁） 賽（赛） 貪（贪） 個（个）

第二十三課　乘涼

星光淡，月光亮，
大樹下，乘風涼。
哥哥搬椅子，弟弟也來幫。
媽媽正中坐，我們在兩旁。
大家靜聽媽媽唱：
「點點小火螢，躲在青草上，
一亮一亮，好像開了電燈廠。」

繁与简

涼（凉）　樹（树）　風（风）　幫（帮）　媽（妈）　們（们）　兩（两）　聽（听）　點（点）　螢（萤）　開（开）　電（电）　燈（灯）　廠（厂）

第五册

第五　兔子和貓的祕密

據說，從前的兔子，是有長尾巴的．他的膽子很大，看見人也不害怕；所以住的地方，並不要三窟．只要有一個暖和的地方就行了．

有一隻貓，和兔子本來是好朋友，他看見兔子的尾巴很長，就問他道：「兔哥，你的尾巴有甚麼用？」兔子說：「彎彎的很美麗呀！」貓心裏非常羨慕．等兔子睡着了，貓就去偷他的尾巴．兔子醒來，那長尾巴已不知去向了．只留

繁与简

貓（猫）　祕（秘）　據（据）　說（说）　從（从）　長（长）　膽（胆）　見（见）　並（并）　個（个）　隻（只）　來（来）　問（问）　麼（么）　彎（弯）　麗（丽）　裏（里）

下一個牙齒，他一看是貓的。拿着牙齒，就去找貓，一走走到一個地方，看見有隻老鼠，在那裏咬竹籃，想偷吃竹籃裏的東西，牙齒又咬不動。兔子看他可憐，就把貓的牙齒，給老鼠裝上，老鼠果然把竹籃咬開了，拿出吃的東西，把竹籃送給兔子做酬報。

兔子帶着竹籃，走到田裏，看見一個女人在田裏拔菜，却沒有籃子，兔子說：「我把這隻竹籃送給你吧。」女人很高興

繁与简

齒（齿）籃（篮）東（东）動（动）憐（怜）給（给）裝（装）開（开）報（报）帶（带）這（这）興（兴）

的說:「我怎樣謝你呢?我送些青菜給你吃吧。」兔子拿起青菜咬了一口,覺得又香又甜,從此兔子就知道青菜是最好吃的東西了。

兔子帶着青菜,走到半路,又遇見一個農夫,以爲兔子偷吃他的青菜,拿起脚來就踢,兔子嚇得趕忙逃走。農夫一路追趕,兔子急得沒法,丢下青菜,用力在地下一連掘了三個洞,

繁与简

樣(样) 謝(谢) 覺(觉) 農(农) 爲(为) 嚇(吓) 趕(赶) 連(连)

才得穿來穿去，逃進洞裏．從此，兔子就知道要有三窟，才可以躲避危險．
後來，兔子還想去看看貓的尾巴究竟怎樣了？走到那裏一看，貓的尾巴果然變長了．貓有意搖着尾巴說道：「兔哥！彎彎的很美麗呀！」兔子心裏很難受．哭着說：「我也不要了．但是我勸你，睡覺時候，不要再把尾

繁与简

進（进） 躲（躲） 險（险） 後（后） 還（还） 變（变） 難（难） 勸（劝） 覺（觉） 時（时）

巴伸出來，送給別人。」貓點點頭。所以有人說，貓把尾巴，放在身體裏面睡覺，還是兔子教的。

第六 勤工的動物

小小蜜蜂嗡嗡嗡，
飛到西來飛到東。
釀成蜂蜜知多少，
暮暮朝朝勤做工。

繁与简

點（点） 頭（头） 體（体） 動（动） 飛（飞） 東（东） 釀（酿）

白胖蠶兒最盡忠，
上山作繭在山中。
新絲吐出多多少，
不為自己只為公。

莫看蜘蛛一小蟲，
結網八面真玲瓏。
捕蠅不知多多少，
疫病預防功效宏。

繁与简

蠶（蚕） 盡（尽） 繭（茧） 絲（丝） 為（为） 蟲（虫） 結（结） 網（网） 瓏（珑） 蠅（蝇） 預（预）

耕牛力大氣冲冲，
犁水犂田勤做工，
不問秋收足不足，
年年辛苦為人傭。

第七　驢子作怪

有一個人，家裏養了一匹驢子和一隻狗。他常對狗說：「你能看門，我很愛你。」有時還把狗抱在自己膝上，撫弄狗的尾巴。

他也常對驢子說：「你能做工，我很愛你。」有

繁与简

氣（气）犂（犁）问（问）傭（佣）驢（驴）個（个）裏（里）養（养）隻（只）對（对）說（说）門（门）愛（爱）還（还）撫（抚）

時還牽着驢子，餵稻草給驢子吃。

一天，驢子看見主人抱着狗，到驢棚裏來，要牽驢子出去磨粉，驢子很不服氣，心裏想：「我的主人，爲甚麼偏愛那隻狗，狗又不能替他做工，主人常常撫弄狗，沒有撫弄我一囘，是甚麼道理？」一面懶洋洋的走出來磨粉。

主人看見驢子打磨，不肯用力，很不高興，就拿

繁与简

時（时） 牽（牵） 餵（喂） 見（见） 來（来） 氣（气） 爲（为） 甚（什） 麼（么） 囘（回） 懶（懒） 興（兴）

起鞭子來,拍!拍!拍!三下,驢子給鞭子提醒了.趕快用力磨粉,心裏又想「磨好了粉,主人一定很喜歡我,要給我好東西吃,撫弄我了.」

主人怕驢子不肯用力,就拿着一條板凳,坐在場上看驢子磨粉.

那隻狗走到場上,看見主人,就搖着尾巴,提起前脚來,向主人膝上亂爬.主人立刻把狗抱在膝上.

驢子看見了,又是歡喜,又是妬忌.歡喜的甚麼

繁与简

給(给)
趕(赶)
歡(欢)
東(东)
條(条)
場(场)
亂(乱)
妬(妒)

呢？明白了主人愛狗的道理；妬忌的甚麼呢？主人爲甚麼不愛我，愛狗？

後來，驢子就直跳起來，拖着磨子，衝到主人面前，也提起前脚，搭在主人肩上。

主人嚇得大喊「救命！救命！驢子害我了！」那隻狗，也汪！汪！汪！大叫起來。家裏人跑來一看，原來是驢子壓倒了主人。一爿磨子，却壓住了狗的脚。

繁与简

後（后）　衝（冲）　嚇（吓）　壓（压）

第八 狐狸上當

一隻狐狸，走到園裏，看見許多南瓜，非常得意。他把每個瓜都去試一試味兒。試到那最甜的一個，一口氣把南瓜的汁，吃得乾乾淨淨。不料那最甜的南瓜，還有小蟲在裏面，狐狸竟連小蟲都吃下肚了。

小蟲走到狐狸的胃裏，覺着氣悶得很，就張開喉嚨來唱歌，狐狸聽見咕！咕！咕！叫的聲音，用力跑

繁与简

當（当） 張（张）
隻（只） 開（开）
園（园） 嚨（咙）
裏（里） 來（来）
見（见） 聽（听）
許（许） 聲（声）
個（个）
試（试）
兒（儿）
氣（气）
乾（干）
淨（净）
還（还）
蟲（虫）
連（连）
覺（觉）
悶（闷）

到四處去找那唱歌的人.那知道小蟲趁勢就爬到狐狸的肝上.心裏想:「怎麼更黑暗了呢?」又一爬.爬到狐狸的肺裏.看他一動一動,心想:「這裏很危險,不能住的.」便又爬到狐狸的心上.用力爬住狐狸的心.狐狸昏了過去,小蟲才得脫逃.狐狸醒來,知道上了貪吃的當.

有一次,狐狸走到河邊,看見一羣雪白的大鵝.狐狸笑道:「眞巧!你們可以做我的好食料了.」

繁与简

處(处) 勢(势) 麽(么) 動(动) 這(这) 險(险) 過(过) 貪(贪) 邊(边) 羣(群) 鵝(鹅)

鵝看見狐狸，嚇得心慌意亂，立刻就想逃走，但是狐狸已經追趕過來，鵝只得向他哀求。其中有一隻很聰明的鵝對狐狸說：「你不要忙，讓我們排成一行，站在旁邊，給你挑選最肥的吃；但是有一件事，我和你商量。」

狐狸很得意的說：「你說來聽聽看。」鵝說：「要

繁与简

嚇（吓） 亂（乱） 經（经） 趕（赶） 聰（聪） 對（对） 説（说） 讓（让） 們（们） 給（给） 選（选）

等我們唱一回歌,你再動手.」狐狸說:「那有甚麼,好的,快唱!」於是,白鵝排成一行,拚命的大唱起來.驚動了他的主人,急忙找來.狐狸一看,情形不妙,趕快溜跑.回來以後,知道上了怕人的當.

又有一次,狐狸走到樹林裏,遇見一隻貓.貓想:「狐狸的本領很大,今天總得想法和他比一比本領.」便說道:「狐兄,我有本領,跳在樹上,使獵人捉不到我.你看我本領怎

繁与简

回(回) 甚(什) 麽(么) 於(于) 拚(拼) 驚(惊) 回(回) 後(后) 樹(树) 貓(猫) 領(领) 總(总) 獵(猎)

樣?」狐狸很驕傲的說:「你只有一件本領嗎?我有一百條計策,還有許多狡猾本領,那怕甚麼獵人.你跟我來,看我的本領.」

這時剛巧一個獵人走來,貓看見了,立刻就跳到樹上去,狐狸急得東奔西跑,砰的一聲,狐狸倒在地上了.貓高聲的叫道:「狐兄,你的一百條計策呢?你的許多狡猾本領呢?原來你還是上了狡猾的當.

第九　狐狸掘荸薺

繁与简

樣(样)　驕(骄)　嗎(吗)　條(条)　計(计)　這(这)　剛(刚)　薺(荠)

幕開時一隻狐狸,在田裏掘荸薺.

狐狸:「挨了一天餓,餓得很難過.看我掘荸薺,一掘好幾個.」

荸薺:「主人多麼苦,種下大荸薺;你不會耕田,又不會做工,這樣一個懶惰的狐狸,那能掘得到田裏的荸薺?」

狐狸:「你那能管得我,我有本領,有福氣,你再要多開口,一個一個掘死你.」

荸薺:「懶惰的狐狸,狡猾的狐狸!看你好本領,只

繁与简

開(开) 隻(只) 裏(里) 餓(饿) 難(难) 過(过) 幾(几) 個(个) 麼(么) 種(种) 會(会) 這(这) 樣(样) 懶(懒) 領(领) 氣(气)

能掘爛泥.」

狐狸:「你這小荸薺,再敢陰陽怪氣,重重的掘你.呵呀!又是爛泥.」

荸薺:「哈哈!你的本領大,掘到東,爛泥!掘到西,爛泥.」

狐狸用力一掘,掘得滿身爛泥.

狐狸:「啊呀!不好了!不但掘不到一個荸薺,滿身弄得都是爛泥.」

狐狸急得在地下亂滾,荸薺就唱歌嘲笑狐

繁与简

爛(烂) 陰(阴) 陽(阳) 東(东) 滿(满) 亂(乱)

狸.

荸薺:「一隻狐狸,在田裏掘荸薺,狐狸掘起爛泥.不但掘不到一個荸薺,弄得滿身都是爛泥.」

(幕下)

第十　月亮的故事

大鵬,雪鵬兩個孩子跟着母親在花園裏看月亮.母親坐下,兩個孩子便要求母親講故事.母親說:「你們喜歡聽甚麼故事?」大鵬說:「母親,有

繁与简

鵬(鹏)　兩(两)　個(个)　親(亲)　園(园)　裏(里)　講(讲)　說(说)　歡(欢)　聽(听)　甚(什)　麼(么)

人說：月亮裏有兔子的，到底有沒有？」雪鵬指着月亮說：「一定有的，你看那月亮裏面，不是一個小白兔嗎？」母親笑着說：「我也不知道有沒有，你們還是明天去問老師吧。」雪鵬說：「不！不！母親，你講月亮裏的兔子。」大鵬也說：「好！好！」母親就把從前聽到的「月兔故事」講給他們聽。

『從前有一隻大象，住在印度的森林裏，因爲好久沒有下雨，水量都乾枯了。大象叫小象出去找水，找到一個湖，名叫「月湖」。四面長的許多

繁与简

嗎（吗）還（还）問（问）師（师）從（从）給（给）隻（只）爲（为）乾（干）長（长）許（许）

綠油油的樹，他很高興，跑回去告訴大象。大象就領着小象趕到月湖來喝水。

不料湖邊有一個兔子窩，大象身體笨重，踏壞了兔子窩，把小兔子都壓死了，象却沒有知道，喝飽了水，便各自回家去。

「長耳朵」是大兔子的名字，他聽見這個消息，便想了一條計策，來壓服大象。一天，大象小象又到月湖來喝水，長耳朵便站在大象的前面，說：「我是住在月宮裏的，我們主人有命令，叫你快

繁与简

綠（绿） 樹（树） 興（兴） 訴（诉） 回（回） 領（领） 趕（赶） 邊（边） 窩（窝） 體（体） 壞（坏） 壓（压） 飽（饱） 朵（朵） 這（这） 條（条） 計（计） 來（来） 們（们）

走開！」大象不服氣，說：「你們主人是誰？我來喝水，誰能阻止我？」長耳朶說：「我們主人是月亮，你們不知道嗎？你前天踏死我們的兔子，都是月宮裏的人，你以後再跑到月湖來，便不把月光照着你行走，叫你給熱火一般的太陽燒死。」

大象有些害怕了，說：「我並沒知道踏死甚麼兔子，請你替我向月亮謝罪吧。」長耳朶很得意的說：「不行，要你親自去謝罪。」大象說：「月亮在那裏呢？」長耳朶指着湖裏，說：「你看，月亮不

繁与简

開（开）
氣（气）
誰（谁）
後（后）
熱（热）
陽（阳）
燒（烧）
並（并）
請（请）
謝（谢）

是正在靜聽小兔們的告訴嗎？」大象一看，果然有一個圓圓的月亮，在湖面上照着，便把長鼻子伸入湖裏，說了許多謝罪的話。湖水被他鼻子激動，起了水圈，那月亮的影子，自然生出許多皺紋，搖動不定。長耳朵大叫道：「不好，你看呀，月亮生氣了。」

大象更覺害怕起來，把鼻子捲起，站着不動，說：「月亮，你爲甚麼生氣？」長耳朵道：「你要說不再到月湖來喝水，他的氣就平下去了。」大象沒

繁与简

靜（静）圓（圆）動（动）皺（皱）覺（觉）捲（卷）

法，照樣的說了一遍，月亮果然在湖面上照着不動了。

從此，大象便不敢再到月湖來喝水，那長耳朵卻安安穩穩的住到月宮裏去了。』」

大鵬聽完了故事，說：「那麼，月亮裏真是有兔子的嗎？」雪鵬笑嘻嘻的說：「我說是一定有的吧。」

母親說：「你們明天再問老師吧。」

繁与简
樣（样）
卻（却）
穩（稳）

第十一 湖上月夜

多麼光明的月亮！
為甚麼我要西行，你偏要東向？
為甚麼你高我低，
原來是要送我到湖上。
謝謝你的燈籠，送我到湖上。

多麼光明的月亮！
為甚麼你在湖心，我偏要在湖上？
為甚麼我高你低，
原來是要叫我賞月亮。
謝謝你的盛意，叫我賞月亮。

繁与简

麼（么） 為（为） 甚（什） 東（东） 來（来） 謝（谢） 燈（灯） 籠（笼） 賞（赏）

我在湖上，月夜乘涼，
多麽舒暢，多麽涼爽！
我心裏常想，
但願長住湖上。

第十二 秋風和雁通信

雁兄：
好久不見，又是半年了。我常常聽見冬風弟說：
「你住在北方是很快樂的。」

繁与简
涼（凉）暢（畅）裏（里）願（愿）長（长）風（风）見（见）聽（听）説（说）樂（乐）

我才到這裏，找不到一個朋友，所以非常寂寞．希望你快來，和我談談．

你在北方很久了，所到的地方，一定很多．聽說蒙古的風景，比甚麼都好，請你說給我聽聽．囘南有期，請你先通知我，我可以準備歡迎．祝你　快樂．

秋風上　九、一、

秋風吾友：

承你歡迎我囘南，非常高興．我們性情相同，所以每年總要會面的．

繁与简

這（这）裏（里）個（个）來（来）談（谈）甚（什）麼（么）請（请）説（说）給（给）囘（回）準（准）備（备）風（风）歡（欢）興（兴）總（总）會（会）

說到蒙古，風景的確很好。雖然看不見山水，却有沙漠船在地下行走，像水面上的船一樣。天空裏還可以看見許多高樓，一會兒變成城市，一會兒又變成山水，據說這是叫做「沙漠市」。眞是見所未見，我覺得非常有趣。路上所看見的人，大都是面黑的居多，穿着希奇古怪的衣服，住在一個蓬帳裏，可以想見他們的生活是極簡單的。至於他們最大的本領，就是騎馬。五六歲的孩子，都會騎馬的，到了十歲，便會出來賽馬了。你看多麼

繁与简

說（说） 確（确） 雖（虽） 見（见） 樣（样） 裏（里） 還（还） 許（许） 樓（楼） 兒（儿） 變（变） 據（据） 這（这） 覺（觉） 個（个） 帳（帐） 極（极）

簡（简） 單（单） 於（于） 們（们） 領（领） 騎（骑） 馬（马） 歲（岁） 賽（赛） 麼（么）

奇怪啊！我現在正想回南，等同伴到齊，排列成行，就要動身；我們不久就可以會面了．此覆祝你　努力進步！

雁上　九、三、

第十三　聰明的小白兔

一隻小白兔，因爲吃慣葉兒芽兒，覺得淡而無味了．想到園裏去找些靑草吃吃．忽然聽見一種聲響，豎起耳朶，仔細一聽，知道是狐狸來了．立刻

繁与简

回（回）　響（响）
齊（齐）　豎（竖）
動（动）　朶（朵）
進（进）　細（细）
聰（聪）　來（来）
隻（只）
爲（为）
慣（惯）
葉（叶）
兒（儿）
覺（觉）
無（无）
園（园）
裏（里）
聽（听）
種（种）
聲（声）

要想逃走，不料前面路上，狐狸已經走得很近，沒法躲避。

狐狸嚎！嚎！的叫起來，說：「小白兔，我的肚子餓着呢，你來得眞巧。」小白兔嚇得皺了一皺鼻子，說道：「狐狸先生，且等一等。這裏就是小河。你不是吃東西以前，要先喝些水的嗎？」

狐狸聽他說得有理，忙道：「是的，我倒忘記了；吃東西以前，我是先要喝水的。」狐狸低下頭去喝水，小白兔一心一意要想害死狐狸，便提心吊

繁与简

經（经）　躲（躲）　説（说）　餓（饿）　嚇（吓）　皺（皱）　這（这）　東（东）　嗎（吗）　記（记）　頭（头）

膽的張望，居然找到一塊小石子，暗暗藏在手裏，狐狸喝完水，說：「小白兔，我的肚子餓着呢，你來得眞巧。」說完，要想撲到小白兔身上去。

小白兔縮一縮身子，說：「狐狸先生，且慢！你吃東西時候，不是要閉着眼睛，張開喉嚨的嗎？你預備着，我就跳進來了，省得你動手麻煩。」

狐狸笑道：「乖兔兒，

繁与简

膽（胆） 塊（块） 撲（扑） 縮（缩） 閉（闭） 張（张） 開（开） 嚨（咙） 嗎（吗） 預（预） 備（备） 進（进） 動（动） 煩（烦）

來吧!」一小白兔拿起小石子,對準他的喉嚨丟進去,狐狸噴着唾沫,咕哩!咕哩!的叫着,在地上打滾.小白兔只是好笑,說了一聲自討苦吃.拔脚就逃回去了.

第十四　一粒梧桐子

梧桐樹上,生了一粒梧桐子,他在樹上住了好久,覺得很煩悶.他對梧桐樹說:「我要離開這裏,往地下去玩一會.」梧桐樹道:「地下有白頭翁呢,你正好給他當點心吃.好孩子,還是住在這裏

繁与简

對(对)　給(给)
準(准)　當(当)
噴(喷)　點(点)
討(讨)　還(还)
回(回)
樹(树)
覺(觉)
煩(烦)
悶(闷)
對(对)
說(说)
離(离)
開(开)
這(这)
裏(里)
會(会)
頭(头)

吧!」梧桐子回答說:「母親!我冷靜得很,請你找個同伴和我玩!」梧桐樹道:「我去找小鳥來唱歌給你聽.」

小鳥來唱了一曲好聽的歌,梧桐子說:「請你去吧,我不要聽你唱的歌.」小鳥恨恨的飛去了.梧桐子說:「母親!我身上冷得很,請你找一件衣服給我穿吧!」梧桐樹道:「我去找太陽來給你取暖.」

太陽便直射到樹上,梧桐子說:「請你去吧,我

繁与简

回(回)
親(亲)
請(请)
個(个)
鳥(鸟)
來(来)
聽(听)
飛(飞)
陽(阳)

不要你使我溫暖.」太陽發了惱,射到別處去了.梧桐子說:「母親!我身上熱得很,請你替我找一個風涼地方.」梧桐樹道:「你到這裏來,我把葉子遮着你.」

葉子遮着梧桐子.梧桐子說:「母親!我悶氣得很,請你找一些亮光給我.」梧桐樹說:「我去找星光來照你.」

星光照着梧桐子.梧桐子說:「母親!太亮了,我不喜歡,請你找一個黑暗地方給我睡覺吧.」梧

繁与简

發(发)
惱(恼)
處(处)
熱(热)
風(风)
涼(凉)
葉(叶)
悶(闷)
氣(气)
歡(欢)

桐樹道:「我去找烏雲來遮着你,找風來搖你睡覺吧!」

一片烏雲,把星光遮住,接着雨點灑灑的下來,風也呼呼的吹起,把那樹枝弄得左搖右擺.梧桐子說:「母親!我身上都透溼了,我的頭搖得發昏了.」梧桐樹說:「雨啊!風啊!請你回去吧!我的孩子,不要你了.」

那雨只做沒有聽見似的,說道:「灑灑——灑灑——灑灑——梧桐子,你喜歡到地下,跟我下來吧!」

繁与简

烏(乌) 雲(云) 灑(洒) 擺(摆) 溼(湿)

風也只做沒有聽見似的說道:「呼呼——呼呼——呼呼——梧桐子,你不喜歡老樹,我就叫你到地下去吃苦!」

梧桐子哭道:「我不要到地下去,我要同母親一塊兒住.」但是一粒梧桐子,已經被風雨打倒地上.

明天,果然有一隻白頭翁來,把他帶到窠裏去當點心了.

繁与简

塊(块)
兒(儿)
經(经)
隻(只)
帶(带)

第十五　彈棉花

聽：咚咚噹，咚咚噹！好像催人添衣裳．
咚咚噹，咚咚噹！好像催人翻新忙．
看：咚咚噹，咚咚噹！夜夜白霜堆滿牀．
咚咚噹，咚咚噹！滿身飛花白如羊．
彈棉花，咚咚噹！
你究竟「為誰辛苦為誰忙？

第十六　傻子吃苦

一個傻子，跟着母親種田．一件都學不會，母親生氣了，說：「送你去學搖船吧！」一

繁与简

彈（弹）　聽（听）　噹（当）　滿（满）　牀（床）　飛（飞）　為（为）　誰（谁）　個（个）　傻（傻）　親（亲）　種（种）　學（学）　會（会）　氣（气）　說（说）

傻子到了船上,不會搖船,用盡氣力,咿唔,咿唔的兩下,竟把搖櫓的鉤子搖斷了,船也翻身了,他在水裏喊救命.岸上有個鐵匠店,鐵匠聽見喊救命,忙跑來把他救起,問他道:「怎樣會翻了船的?」他就從頭到尾,說了一遍.鐵匠說:「你跟我來學打鉤子吧!」

傻子走到鐵匠店,不會打鐵,用盡氣力,叮噹,叮噹,把火星濺得滿屋子.屋裏

繁与简

盡(尽)　兩(两)　櫓(橹)　鉤(钩)　斷(断)　裏(里)　鐵(铁)　聽(听)　見(见)　來(来)　問(问)　樣(样)　從(从)　頭(头)　噹(当)　濺(溅)　滿(满)

着了火，他急得沒有主意，跑到門外去，亂喊亂跳.隔壁豆腐店的主人看見了，趕忙提著水桶來把火救熄.問他道：「怎樣會著了火的？」他又詳詳細細的說了一遍.主人說：「你跟我去學做豆腐，就會知道提水了.」

傻子到了豆腐店，不會做豆腐，用盡氣力，咕嚕，咕嚕，把豆腐弄碎，再沖上一桶一桶的水，豆腐都變成漿了.他怕主人看見要打他，立即逃囘家去.

繁与简

門（门） 亂（乱） 趕（赶） 問（问） 樣（样） 詳（详） 細（细） 嚕（噜） 沖（冲） 變（变） 漿（浆） 囘（回）

母親看見了他，很奇怪的問道：「孩子，你怎麽清早就會跑回來的？生了病嗎？你的船交給誰了呢？」

傻子說：「母親，我件件都學會了。」母親說道：「你學會甚麽？」

傻子說：「我學會的是：「苦！苦！苦！」」母親很喜歡的說：「孩子，你現在知道了嗎？吃盡了苦，才能做人呢。」

後來，傻子也不傻了，跟着母親好好的學種田

繁与简

麽（么）　嗎（吗）　給（给）　誰（谁）　甚（什）　歡（欢）　後（后）　種（种）

去了。年年到了秋天，收成很好。母子兩人，安安穩穩過日子了。

第十七　太陽的力量大

一天，太陽和火爭辯。太陽說：「我的力量大。」火說：「我的力量大。」

火爐裏的火聽了很生氣，對太陽道：「太陽，你那有我們的力量大？你一到了冬天，就是來得遲，去得早。如果沒有我，我們的主人，早已凍得要發抖了。」

繁与简

穩（稳）　過（过）　陽（阳）　辯（辩）　說（说）　爐（炉）　裏（里）　聽（听）　氣（气）　對（对）　來（来）　遲（迟）　們（们）　凍（冻）　發（发）

太陽說：「冬天太陽人人愛。你知道嗎？因爲不費力，不費錢，可以取暖，所以大家看見我出來，就把我圍住，那像你還要靠着鐵匠，和煤鑛裏的工人幫助你呢！」

炭盆裏的火，聽了忙道：「太陽，你不必來教訓我們了。還是先教訓自己，你能使得下大雪的天氣，也會和人會面，那就你的能力眞大了。我們越是下雪的天氣，越能使人和暖。尤其是窮人也很喜歡我的。」

繁与简

愛（爱）嗎（吗）爲（为）費（费）錢（钱）見（见）圍（围）還（还）鐵（铁）鑛（矿）幫（帮）炭（炭）訓（训）會（会）窮（穷）歡（欢）

太陽說：「你更不必說了．不但要靠着農人工人幫助你，還要靠空氣幫助你，要不是，連你的主人都會被你毒死了．」

竈間裏的火，聽了也很生氣，便說：「太陽，你的本領，一到冬天，就顯不出來了，還能強辯甚麼？我的主人如果沒有了我，那裏會有飯吃？」

太陽說：「算了，算了．沒有我，那裏生得出柴草來幫助你？沒有我，你主人那裏會有米煮飯？」

他們都氣極了，一個也不作聲．那時家家的主

繁与简

農（农） 連（连） 竈（灶） 間（间） 領（领） 顯（显） 辯（辩） 甚（什） 麼（么） 飯（饭） 極（极） 個（个） 聲（声）

人，因爲太陽到了正午，很暖和了。飯已吃過，把竈間的火都熄了。有的把炭盆蓋上了灰，火爐也不加煤了。火只得悶悶的說一句：「我到底不如太陽的力量大。」

第十八 西北風

一架飛艇，滿載着客人和書信，緩緩的上升，向西北方飛行。

忽然起了一陣西北風，風勢很大，飛艇有些飄盪起來，裏面的客人，都說着：「今天的風眞不小，

繁与简

過（过） 蓋（盖） 悶（闷） 風（风） 飛（飞） 滿（满） 載（载） 書（书） 緩（缓） 陣（阵） 勢（势） 飄（飘） 盪（荡） 裏（里） 說（说）

怎麼好呢?」說完,西北風愈來愈大了.

飛艇很定心的說:「我受人託付,自然要盡我力量,把他們平安的送到西北去.」

風威嚇飛艇道:「你停止不停止?我有本領把你吹倒.」飛艇仍舊向前進行,說:「風啊,我是受人託付,自然要盡我力量,把他們平安的送到西北去.」

風很生氣的說道:「你停止不停止?我有本領把你打得粉身碎骨.」飛艇並不害怕,說:「風啊,

繁与简

麼(么) 來(来) 託(托) 盡(尽) 嚇(吓) 領(领) 舊(旧) 進(进) 氣(气) 並(并)

我是說話不能失信的.」

一隻老鷹,跟在飛艇後面,說:「同伴!你飛上那裏去?」飛艇說:「我到西北去.」老鷹說:「我也到西北去,今天風勢很大,明天再去吧.」飛艇說:「不能,我是說話不能失信的.」老鷹覺得很慚愧,便也奮勇的向飛艇前面飛去,說:「看你的本領比得上我嗎?」但是飛艇仍舊緩緩的向前進行.

風愈來愈大了,說:「飛艇,看你害怕不害怕?連

繁与简

話(话)　隻(只)　鷹(鹰)　後(后)　覺(觉)　慚(惭)　奮(奋)　嗎(吗)　緩(缓)　連(连)

老鷹都忍受不住，停在樹上過夜了。」飛艇並不理會，還是奮勇的向前進行。不多時，就把客人和書信平安的送到西北了。風沒奈何他，只得說道：「我到這時候，要到東南去，也是不能失信的啊！」

第十九　懶惰的寒雀

北方的寒雀，是一種懶惰的鳥。他平常看見鳥雀們造窠預備過冬，總是說：「還早呢，忙甚麼？」他只在樹枝上唱着歌，道：「得過且過！得過且過！」

繁与简

樹（树）　過（过）　會（会）　還（还）　時（时）　東（东）　懶（懒）　種（种）　鳥（鸟）　見（见）　們（们）　預（预）　備（备）　總（总）　甚（什）　麼（么）

那知道一會兒冬天到了．鳥雀們都有新窠，只有寒雀還在樹上發抖，他叮囑自己道：「天多麼冷，我凍得發抖，明年一定要請教喜鵲，學做一個暖和的新窠．」一到了明年，他早已忘了冬天的受苦，還是對着鳥雀們說：「還早呢，忙甚麼？」

後來，因爲有一年，同伴凍死了不知多少，寒雀要想去請教喜鵲，喜鵲說：「還早呢，忙甚麼？」寒雀凍得苦了，說：「得過且過，過不去了，請教你怎樣造窠？」

繁与简

會（会）兒（儿）還（还）樹（树）發（发）囑（嘱）麼（么）凍（冻）請（请）鵲（鹊）學（学）個（个）對（对）後（后）爲（为）過（过）樣（样）

喜鵲說：「只要從河邊取些泥，做成一個凹餅。」

寒雀搖搖頭說「泥土太髒了，怎能拿在手裏？」喜鵲說「沒有泥土，怎樣能粘住樹枝，做成暖和的窠呢？」寒雀又搖搖頭說，「樹枝太硬了，怎能弄彎呢？」

喜鵲說：「你怕髒，又怕用力，那是造不成窠了。」

寒雀說：「得過且過，我不要學了。」

所以一直到現在，寒雀還不肯做窠，等到冬天，總是凍死了許多。

繁与简

從（从）
邊（边）
餅（饼）
頭（头）
髒（脏）
裏（里）
彎（弯）
許（许）

第二十　借寒糧

樹葉落盡了，密密層層的霜，蓋滿在地面上，甚麼東西，都快要沒有了。樹底下有許多螞蟻，東跑西走，找尋食物，從早到晚，忙個不了。喜鵲看見他們這般忙碌，說他們是笨東西。

那知道到了晚上，天氣寒冷非常，螞蟻因爲糧食充足，吃飽了就關門睡覺。喜鵲餓得慌，反來覆去也睡不着，看看空中，連蚊子蠓蟲的影子都沒

繁与简

糧（粮）　樹（树）　葉（叶）　盡（尽）　層（层）　蓋（盖）　滿（满）　甚（什）　麼（么）　東（东）　許（许）　螞（蚂）　蟻（蚁）　尋（寻）　從（从）　個（个）　鵲（鹊）

見（见）　們（们）　這（这）　說（说）　氣（气）　爲（为）　飽（饱）　關（关）　門（门）　覺（觉）　餓（饿）　連（连）　蟲（虫）

有，心想只得向螞蟻去借糧吧！喜鵲走到螞蟻家裏，蓬！蓬！蓬！打着門．螞蟻問：「是誰？」喜鵲說：「我是你的朋友，向你借點糧．」螞蟻出門一看是喜鵲，便說：「我是笨東西，只知道自己尋食自己吃，那有餘糧借給人．」喜鵲討了一場沒趣，只得飛回窠裏．

忽然聽見外面樹枝上有烏鴉飛動的聲音．他又說道：「笨東西，這麼冷天，還飛到那裏去？」說着一面出來看看．原來烏鴉嘴裏還銜着一個布

繁与简

裏（里） 問（问） 點（点） 誰（谁） 餘（余） 給（给） 討（讨） 場（场） 飛（飞） 聽（听） 烏（乌） 鴉（鸦） 動（动） 聲（声） 還（还） 銜（衔）

袋呢！心想那袋裏一定是糧食.便上前招呼道：「黑先生！我是你的朋友，問你借點糧.」烏鴉說：「我是笨東西，只知道自己借糧自己吃，那有餘糧借給人.」喜鵲道：「原來你也是去借糧麼，你飛向那裏去借的呢？」烏鴉說：「我到老鼠家去.」喜鵲望着他說：「嘿！像你這般難看樣子，大頭沙喉嚨，老鼠那肯把糧借給你，你看我白大掛，黑背心，多麼漂亮.我去，他一定不好意思回絕我.你的小口袋，還是給我吧.

繁与简

來（来）
難（难）
樣（样）
頭（头）
嚨（咙）
掛（挂）
囘（回）
絕（绝）

【注释】

挂，应为褂。

你在我家裏等一等.」烏鴉說:「我想,我也能借得來的.好吧,先把口袋借你用一用.」

喜鵲得意洋洋的飛去,找到老鼠的門口,又是蓬!蓬!蓬!的打着門.老鼠問:「是誰?」喜鵲說:「我是一個漂亮朋友,向你借點糧.」老鼠說:「我也是笨東西,只知道今天尋食今天吃,那有餘糧借給人.」喜鵲又碰了一個釘子回去了.把空空的口袋,還給烏鴉.

繁与简
釘(钉)

烏鴉知道他沒有借成，就自己去找老鼠．到了老鼠門口，輕輕的叫道：「好朋友，請你開開門．」老鼠出來問他做甚麼？烏鴉很和氣的說道：「先生！向你借一袋寒糧，明年加倍還你．」老鼠笑嘻嘻的說：「好吧！你這樣和氣，我就沒有糧食，也要轉借給你．」

烏鴉回到喜鵲窠裏，取些米穀給喜鵲，說：「我眞是笨東西，借來的糧食，還願意借給你．」喜鵲從此再也不敢說：自己漂亮，別人是笨東西了．

繁与简

輕（轻）　請（请）　開（开）　轉（转）　穀（谷）　願（愿）

第二十一　看雪

母親帶着小鵬看雪，小鵬說：「好看，好看！好像銀子的白，好像米粉的白，好像棉花的白。」

母親說：「孩子！如果眞是銀子，窮人都變成富人了，如果眞是米粉，田裏不要種稻子了，如果眞是棉花，人人都穿新棉衣了。」小鵬說：「是的。」

一隻麻雀飛來，對着小鵬叫。小鵬說：

繁与简

親（亲）　帶（带）　鵬（鹏）　説（说）　銀（银）　窮（穷）　變（变）　裏（里）　種（种）　隻（只）　飛（飞）　對（对）　説（说）

「那小麻雀笑了.」母親說:「小麻雀只會氣,不會笑,要是笑,一定是錯認米粉了.」

一個小化子走來,要討錢米.小鵬說:「母親,化子怪可憐的,他爲甚麼沒有衣穿,沒有錢和米?」母親說:「是怪可憐的,但是不做工,那裏來的錢?不種田,那裏來的米?不種棉,那裏有棉衣?」小鵬說:「母親,我明白了,下這麼大的雪,原來是叫我們快快做工,快快種田;明年今天,有米有錢.」母親說:「是啊!」

繁与简

會(会) 氣(气) 錯(错) 認(认) 個(个) 來(来) 討(讨) 錢(钱) 憐(怜) 爲(为) 甚(什) 麼(么) 這(这)

第二十二

農人的月曆

一月裏農人忙　農人早晚犂田忙
二月裏農人忙　農人麥田除草忙
三月裏農人忙　農人耕種稻田忙
四月裏農人忙　農人保護麥穗忙
五月裏農人忙　農人趕着割麥忙
六月裏農人忙　農人為了梅雨忙

繁与简

農（农）曆（历）裏（里）犂（犁）麥（麦）種（种）護（护）趕（赶）為（为）

七月裏農人忙農人除草驅蝗忙
八月裏農人忙農人要割高粱忙
九月裏農人忙農人割穀收倉忙
十月裏農人忙農人新收大豆忙
十一月裏農人忙農人挑稻上市忙
十二月裏農人忙田事忙完過年忙

繁与简
驅（驱）
穀（谷）
倉（仓）
過（过）

第六册

第一　太陽出來了

東方發白，微光穿過樹杪，驚動了小鳥。小鳥們吱吱喳喳，拍着翅膀飛去了。太陽說：「驚擾！驚擾！」

公鷄們，喔！喔！喔！報天曉。蜜蜂們，嗡！嗡！嗡！釀蜜了。烟囱裏黑烟裊裊。

繁与简

陽（阳）來（来）發（发）過（过）樹（树）驚（惊）動（动）鳥（鸟）飛（飞）説（说）擾（扰）鷄（鸡）報（报）曉（晓）釀（酿）裏（里）裊（袅）

淸道夫滿街打掃;太陽說:「你們早!你們都早!」

農夫們,牽牛往田裏跑.工人們,帶工具上工了.世界上的一切,都開始工作了;太陽說:「你們好!你們都好!」

太陽努力跑,天天找懶寶寶;寶寶問他爲甚麼睡懶

繁与简

滿(满) 掃(扫) 們(们) 農(农) 牽(牵) 帶(带) 開(开) 懶(懒) 寶(宝) 問(问) 為(为) 甚(什) 麼(么)

覺？太陽心裏惱，說一聲時光不早了．懶寶寶，不知不覺，翻一個身，又睡着了；好像說我不怕你了．太陽嘆一口氣說道：「要是我也不努力，一切生物都完了；如果我也睡懶覺，全世界都黑暗了．」

太陽氣得往雲裏跑，

繁与简

覺（觉）　惱（恼）　聲（声）　時（时）　個（个）　嘆（叹）　氣（气）　雲（云）

懶寶寶醒來了.說道:「太陽,太陽!你不要氣惱!從今以後,我睡早起早.」

「可愛的寶寶,春天多麼好,春光容易過,努力須趁早!」

第二 兩兄弟

羅家兩兄弟:大的叫羅倫,小的叫羅理,羅倫的脾氣,心細膽大,羅理心粗而沒有耐性,什麼事學會了,便又忙着找別事去做.

一天,他父親接到郵局送來的兩個包裹,都

繁与简

從(从) 後(后) 愛(爱) 須(须) 兩(两) 羅(罗) 倫(伦) 氣(气) 細(细) 膽(胆) 麼(么) 學(学) 會(会) 親(亲) 郵(邮) 來(来) 個(个)

用細靭的麻繩紮好,父親就吩咐他們把包打開.羅倫先把包上的結,細細看一遍,慢慢解開,得了一條長繩,捲作一圈,放在衣袋裏;羅理天生性急,接到了包,恨不立刻打開,便亂扭亂扯,繩結越抽越緊,羅理急了,丟在旁邊,忽然看見桌上翦刀,隨手就把繩子根根翦斷.

下午,他母親從街上囘來,給兩兄弟兩個陀螺,他們想玩,找不到一根繩子,羅倫想到了,忙從衣袋裏扯出繩來,繞住陀螺就抽,汪!汪!央!央!眞是

繁与简

靭(韧)　隨(随)
繩(绳)　斷(断)
紮(扎)　從(从)
們(们)　囘(回)
開(开)　給(给)
羅(罗)　繞(绕)
結(结)
細(细)
條(条)
長(长)
捲(卷)
裏(里)
亂(乱)
緊(紧)
邊(边)
見(见)
翦(剪)

好聽，羅理看得眼紅，方才後悔不該剪斷繩子.

過了幾天，村童發起射箭比賽，請兩兄弟加入.大家相約：「各人射三箭，要用自己的弓，不許向人借.」羅理用盡氣力，正待發箭，弓弦裂斷了.輪到羅倫，他連發兩箭，箭去如流星一般，可惜沒有射中紅心，再抽第三箭時，弓弦忽然也斷了.大家說：「你也負了.」羅倫笑嘻嘻的說：「不

繁与简

聽（听）紅（红）後（后）該（该）過（过）幾（几）發（发）賽（赛）請（请）約（约）許（许）盡（尽）輪（轮）連（连）時（时）說（说）負（负）

要緊，我第二次又用着他了．」便從衣袋裏取出麻繩換上，一箭射去，正中紅心，果然奪得錦標而囘．

羅理對羅倫說：「原來一根麻繩，就那麼有用．」羅倫道：「是的，弟弟你該記着：平時丟了，要時可沒有了．」

第六　誠實的報酬

從前有一個可憐孩子，他父母都死了，寄養在叔叔家裏．後來長大成人，個個稱讚他是一個

繁与简

奪（夺）錦（锦）標（标）對（对）記（记）誠（诚）實（实）報（报）從（从）個（个）憐（怜）養（养）裏（里）後（后）長（长）稱（称）讚（赞）

聰明誠實的孩子，他叔叔、心裏也很快樂．

但是他叔叔相信他是很誠實的，却不十分相信他是眞聰明．有一天，對他說道：「你可以把家裏的羊，都拿去賣錢，賣了錢就可以買田．可是你要把所有的羊都帶囘來，不能少一隻．」他聽了莫明其妙．叔叔的話，又不敢說不是，只得含糊答應去試一試．

第二天，孩子牽着羊出門，東奔西跑，那裏遇得到買羊的人．看看天色晚了，心裏很着急，呆頭呆腦的坐在石頭上，胡思亂想．忽然一個女郎走

繁与简

聰（聪） 門（门）
樂（乐） 頭（头）
對（对） 腦（脑）
說（说） 亂（乱）
賣（卖）
錢（钱）
買（买）
帶（带）
囘（回）
來（来）
隻（只）
聽（听）
話（话）
應（应）
試（试）
牽（牵）
東（东）

近前來問道:「牧羊人!你在想甚麼?」他便把叔叔的話,從頭到尾,說了一遍.女郎笑着說:「這很容易.你只要把羊身上的毛,都剪下來去賣錢,賣了錢就可以去買田,所有的羊,都趕回家去,不是一隻不少?一定合你叔叔的意了.」

他聽了女郎的話,就照樣做.把羊毛賣去,拿

繁与简

來(来)　問(问)　甚(什)　麼(么)　這(这)　趕(赶)　樣(样)

了錢牽着一羣羊囘家去.叔叔看見他手裏有錢,
又把羊都牽囘來,心想:「他果然是個聰明孩子,
但是又疑心有人教他的.」便說道:「你很聰明,
不知道有人指點你沒有?」孩子向來是誠實的,
那會說謊,所以叔叔一問,便低聲的說:「那女郎
教我的.」
他叔叔道:「咦,眞有這麼聰明的女郎?但也
是你向來誠實,所以才會有人幫助你啦.」

繁与简
羣(群) 見(见) 點(点) 會(会) 謊(谎) 聲(声) 幫(帮)

第七　四個問題

有一個孤兒，幫人做工．主人叫他把穀子裝在布袋裏，布袋馱在馬背上，出去賣穀．孤兒走上幾十里路，也找不到一個買主，只得在路旁休息．

那知道孤兒睡熟了，這匹馬生下一匹小馬來，被磨房裏的人看見，想偷偷的把小馬牽走．却不料孤兒醒了．忽然看見多了一隻小馬，非常歡喜，知道是那老馬生的，立刻就牽着老馬，小馬一同回去．磨房裏的人走出來，阻止他說：「小馬是我的．」孤兒便和他爭論．

繁与简

個（个）　隻（只）
問（问）　歡（欢）
題（题）　回（回）
兒（儿）　說（说）
幫（帮）　論（论）
穀（谷）
裝（装）
裏（里）
馱（驮）
馬（马）
賣（卖）
幾（几）
買（买）
這（这）
來（来）
見（见）
牽（牵）

一個老人走來說：「且慢爭論，我有四個問題，限你們三天回答我！誰能答得好，小馬就歸他牽去。」

第一個問題：「最強而最快的是甚麼？」

第二個問題：「最胖而最大的是甚麼？」

第三個問題：「最軟而有用的是甚麼？」

第四個問題：「最和善的是甚麼？」

磨房裏的人回去，告訴他的母親。母親說：「容易容易！第一是馬，第二是老馬，第三是小馬，第

繁与简

歸（归） 甚（什） 麼（么） 軟（软） 訴（诉） 親（亲）

四你就說是母親吧」

孤兒一路囘去,低着頭想,再也想不出.不料反把一個女子撞倒.孤兒忙說:「請你原諒!我正在想囘答問題呢.」女子也不生氣,便問孤兒要囘答甚麼問題?孤兒說了.女子說:「第一,風是最強而最快的.第二,地球是最胖而最大的.第三,手是最軟而有用的.第四,睡眠是最和善的.」

三天以後,老人來了.先問磨房裏的人,他說:「馬,老馬,小馬,還有一個母親.」

老人生氣了,說道:「太不成話,怎麼把母親

繁与简

頭(头) 請(请) 諒(谅) 氣(气) 風(风) 後(后) 話(话)

和馬說在一起?」老人又問孤兒.
孤兒說:「第一,風是最強而最快的.第二,地球是最胖而最大的.第三,手是最軟而有用的.第四,睡眠是最和善的.」
老人聽罷,哈哈大笑,說道:「好一個聰明孩子,小馬應當歸你所有了.」

第十 我的玩具

我生長在一個小村裏,這裏是沒有買玩具的地方,我的玩具,只好到菜園旁,竹林中,麥田裏去找製造的材料,自己來做了.

繁与简

聽(听) 罷(罢) 聰(聪) 應(应) 當(当) 長(长) 個(个) 裏(里) 這(这) 買(买) 園(园) 麥(麦) 製(制) 來(来)

一天，母親把菜園裏的茄子梗給我，我把他夾在兩箇大姆指中間，好像穿着小鞋子一樣，捺在桌上一步一步走，覺得很有趣．

父親又把一個小南瓜給我，我想了一想，這個東西是可以雕刻字畫的，我就雕一個洋娃娃，把他襯在紙上一印，果然顯出有趣的花紋來了．

我自己又到竹林中，找到一根小竹子，截了兩段，做成一對水桶，把細竹削成條子，彎彎的插在桶上，當做桶樑，又在院裏樹底下，開了一條小

繁与简

親（亲）給（给）夾（夹）箇（个）間（间）樣（样）覺（觉）東（东）畫（画）襯（衬）紙（纸）顯（显）紋（纹）兩（两）對（对）細（细）條（条）彎（弯）當（当）樑（梁）樹（树）開（开）

河，把泥土堆高算做河岸，用這小水桶提水倒進去，竟像一條眞的河道．

麥田熟了，我去找那粗細的麥藁，把細藁的尖頭彎折起來，套入粗藁裂開的梗節裏，也可以做成很好的玩具．

棗子樹紅了，我採了許多棗子，把裏面的核心取出，再把舊竹筆管裂開幾道紋，用線穿過，掛在筆管頭的下端，我從這裏洞口吹着，那核心就會滾動起來，我叫他棗子跳舞．

繁与简

進（进） 麥（麦） 頭（头） 彎（弯） 節（节） 棗（枣） 紅（红） 採（采） 許（许） 舊（旧） 筆（笔） 幾（几） 線（线） 過（过） 掛（挂） 從（从） 動（动）

【注释】

藁，同「稾」（稿），茎。

所以我的玩具，在麥田裏也有，山野裏也有，竹林裏也有。我自己創造的玩具，玩起來便感到一種說不出的快樂。

第十一 小時候的牛頓

牛頓是英國人，他從小時候，就喜歡「想」的。無論看見甚麼，常常要想，所以他能發明許多東西。

一天，做了一個風箏，飛在空中，非常得意。心想晚上看不見風箏，又怎麼辦呢？於是用紅綠紙

繁与简

創（创） 飛（飞） 種（种） 見（见） 樂（乐） 辦（办） 時（时） 於（于） 頓（顿） 紅（红） 國（国） 綠（绿） 從（从） 紙（纸） 歡（欢） 無（无） 論（论） 甚（什） 麼（么） 發（发） 許（许） 東（东） 個（个） 風（风）

糊上幾盞燈籠,中間點了火,掛在風箏的線上,隨着風箏升上去,黑夜裏看見紅紅綠綠的亮光十分有趣.

隔了兩天,他走到一家磨坊裏,看見一個用風力轉動的磨子,他很奇怪.就仔細研究風磨轉動的方法,回到家裏,做了一個小風磨,磨上的機件,也很完備.用麻布做磨的葉子,如果風向着葉子輕輕的吹,就會轉動起來;再把一小撮麥放近風磨漏斗去,也會磨出白的麪粉來.牛頓自己很

繁与简

幾（几） 盞（盏） 燈（灯） 籠（笼） 間（间） 點（点） 掛（挂） 線（线） 隨（随） 裏（里） 兩（两） 轉（转） 動（动） 細（细） 回（回） 機（机） 備（备） 葉（叶） 輕（轻） 會（会） 來（来） 麥（麦） 麪（面）

【注释】

『放近』，当作『放進（进）』。

高興,就去找他的朋友來看,大家都說:「奇妙,奇妙!」

但是有一個小朋友對他說:「風磨做得很好,可惜少了一樣東西.」牛頓又想了半天,才說:「我做的件件都有了,還缺少甚麼呢?」小朋友說:「那轉動小風磨的人呢?」他笑了一笑說:「不錯,不錯!還要去找一個來,那麼,就是小松鼠吧.」松鼠一天到晚,替他轉風磨,麵粉常常被松鼠吃掉.

繁与简

興(兴) 說(说) 對(对) 樣(样) 還(还) 錯(错)

他在小學畢業，便到一家鐘錶店去做學徒，他「想」的機會又到了。天天拿了一隻鐘錶，或裝或拆。後來他居然造成一隻奇妙的鐘。沒有齒輪和發條，也沒有鐘擺，但是能指出鐘點，非常準確。這就是他最初的發明品。他到十四歲時候，有一天，躺在一棵蘋果樹下，忽然一隻蘋果，掉下地來。他又在

繁与简

學（学） 畢（毕） 業（业） 鐘（钟） 錶（表） 隻（只） 裝（装） 後（后） 齒（齿） 輪（轮） 條（条） 擺（摆） 點（点） 準（准） 確（确） 歲（岁） 蘋（苹） 樹（树）

想了，這個蘋果為甚麼要掉下來？是誰叫他掉下地的？他化了許多心血，果然被他發明出一個「掉在地上」的道理來。

他一生忘不了的，便是「想，」所以終究成了一個大發明家。

第十五　互助合作

登場人物：　嘴，胃，手，足，眼，

繁与简
這（这）
爲（为）
誰（谁）
許（许）
終（终）
場（场）

地點:人身,

日期:生後第一天.

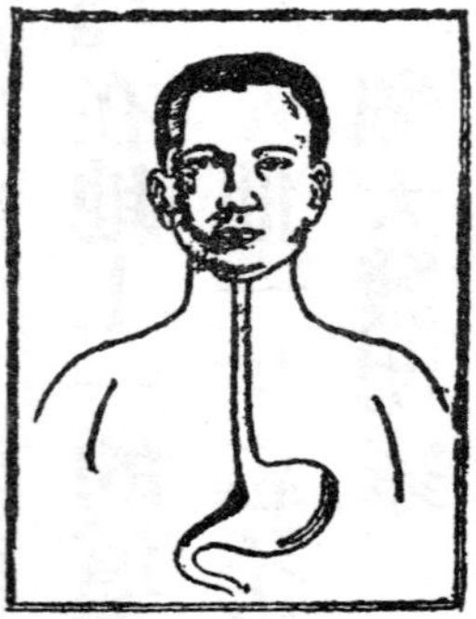

嘴(動着)我的主人——人——沒有我,我就不能吃食物.他就活不成;所以我或是生了病,或是罷一天工,那就不得了,主人一定會餓死.

胃(伸着)你不必多說.沒有我來消化,再吃多些,也是不中用的.

繁与简

點(点) 後(后) 動(动) 罷(罢) 會(会) 餓(饿) 説(说)

手

（搖着）你們不必自誇．要是沒有食物，你們就沒有法子了．所有的一切食物，都是我種的；種好了沒有我，還是吃不成．

足

（走着）算啦！你想種食物，或是要拿食物，沒有我走來走去，那能種得出，拿得來．拿不到食物，你們都是沒有用的東西了．

嘴

（鼓着）好！我就不吃食物，看你們的食

繁与简

們（们）
誇（夸）
種（种）
還（还）
來（来）
東（东）

物，有甚麼用？

胃　（縮着）好！你不吃，我就休息休息。要是你吃下食物，我也不來消化，看你以後還能吃下甚麼？

手　（指着）好！你們不要兇，我不替你們種，也不替你們拿食物，看你們不吃不消化吧。

足　（站着）好！大家停止，我也不走，看你們食物，從那裏來？

繁与简

甚（什）
麼（么）
縮（缩）
後（后）
兇（凶）
從（从）
裏（里）

眼　（轉着）我們都是一家，不必鬧意見了。還是你幫助我，我幫助你，才能安穩過日子，如果有一個不肯幫助，便有不方便的事情發生了。

嘴　（張着）眼睛是我們的大哥，應該聽他的話，不要再鬧意見了，我也要吃食物了。

胃，手，足，　好！好！大家互助合作。

（幕下）

繁与简

轉（转）鬧（闹）見（见）幫（帮）穩（稳）過（过）個（个）發（发）張（张）應（应）聽（听）話（话）

第十六　兩個勞工

「大家都說最苦的勞工，除了撐船磨豆腐以外，就是我．自生火，自開爐，叮叮噹噹的打，披頗披頗的拉，一天到晚，忙個不停．」

「但是人人都離不了我．種田人沒有我做的鐮刀，鋤頭，釘耙，他就不能種田．木匠沒有我做的鋸子，斧頭，鉋子，他就不能做工．還有造船，造鐘錶，和造機器的一切工人，沒有我做成工具，那會造成甚麼東西？」

繁与简

兩（两）　個（个）　勞（劳）　說（说）　開（开）　爐（炉）　噹（当）　頗（颇）　離（离）　種（种）　鐮（镰）　鋤（锄）　頭（头）　釘（钉）　鋸（锯）　鉋（刨）　還（还）

鐘（钟）　錶（表）　機（机）　會（会）　甚（什）　麼（么）　東（东）

「再說各人自己家裏，也都有我造的東西，像鍋子，廚刀，鏟子，這些吃飯傢伙，那裏少得了．近來我更學了新法，會打家用器具，比木做的要牢固而且耐久得多．」

「你們知道，我是甚麼勞工？」

「我也是一個勞工．三百六十行裏，我是一個很重要的．」

「我的心思靈巧，手術高妙，只要有圖樣，不論方圓，曲直，雕花，挖空，件件都會做．只要有尺寸，

繁与简

裏（里）　鍋（锅）　廚（厨）　鏟（铲）　這（这）　飯（饭）　傢（家）　學（学）　們（们）　靈（灵）　術（术）　圖（图）　樣（样）　論（论）　圓（圆）

做出來眞是毫釐不差．一年到頭，斧鋸，鉋鑿，不離開我，我也離不了他．」

「我也人人少不了的．因爲我能造房子給人住，我能打器具供人用，甚麼中式西式各式花樣都有，聽人選擇．我造的東西自己也數不清楚，眞是到處都有．」

「你們知道，我是甚麼勞工？」

第十七　兩個聰明的笨人

從前有個縣官，做了一件壞事，他想把壞事

繁与简

來（来）　釐（厘）　鑿（凿）　爲（为）　給（给）　聽（听）　選（选）　擇（择）　數（数）　處（处）　兩（两）　個（个）　聰（聪）　從（从）　縣（县）　壞（坏）

隱瞞着，不給人知道。但是想來想去，想不出一個巧妙的方法。

於是縣官親自出去，想找個聰明人求教。

一路走到一個木匠店，看見木匠手拿一個鳥籠，把木板釘在四面。縣官不明白他的意思，就問道：「你爲甚麽要把鳥

繁与简

隱（隐）瞞（瞒）給（给）來（来）於（于）親（亲）見（见）鳥（鸟）籠（笼）釘（钉）問（问）爲（为）甚（什）麽（么）

籠,釘上木板?」木匠說:「我不喜歡聽鳥叫;釘了木板,鳥的聲音,大概可以聽不見了,」縣官哈哈大笑,說:「木板怎能擋得住鳥聲呢?」木匠說:「或許是的.但是做了壞事,也只得活活的叫他悶死了.」

縣官心想木匠眞可惡,怎會知道我做壞事,不能再問他了,便向前直走,到了一家門口,看見一個瓦匠,正在東邊

繁与简

歡(欢) 聽(听) 聲(声) 説(说) 擋(挡) 許(许) 壞(坏) 悶(闷) 惡(恶) 會(会) 問(问) 門(门) 東(东) 邊(边)

砌着一座高牆，西邊却是低牆，縣官看了很奇怪便問道：「你爲甚麼在東邊砌着高牆？」瓦匠說：「我不喜歡太陽，所以把東牆砌高，來擋住太陽。」縣官哈哈大笑道：「牆怎能擋得住太陽呢？」瓦匠說：「也許是的。好像一個人做了壞事，那能擋得住別人的嘴呢？」

縣官聽罷，知道瓦匠明明是說他的。所以一句也不回答，只得懊喪着回衙門去了。

繁与简
牆（墙）
陽（阳）
罷（罢）
囘（回）
喪（丧）

第十八　孔明的奇謀

孔明就是諸葛亮，是南陽縣臥龍岡的一個隱士．劉備聽說他「博古通今，」就親自到他的茅屋裏去，請他三次，才把他請出來．

第一次，遇到魏國要奪取荊州．那時劉備恰在荊州，因爲兵糧不足，不能抵抗，急得走頭無路，就去請教孔明．孔明說：「我倒有一條妙計．」

於是立刻吩咐預備大船幾百隻，稻草幾百擔．大家

繁与简

謀（谋）　爲（为）
諸（诸）　頭（头）
陽（阳）　無（无）
縣（县）　條（条）
臥（卧）　於（于）
龍（龙）　預（预）
岡（冈）　幾（几）
隱（隐）　隻（只）
劉（刘）　擔（担）
備（备）
聽（听）
説（说）
親（亲）
裏（里）
請（请）
奪（夺）
時（时）

【注释】『走头无路』当作『走投无路』。

都有些莫明其妙．這時正遇見大霧，兩面都看不清楚．魏兵彷彿看見對面船上兵馬很多，實在是稻草人，魏兵那裏猜的透，就一箭一箭的射過來，這邊的船，不住的向前，那箭也愈放愈急．一會兒，霧散天清，魏兵才知道上了大當，白白的送掉許多箭．這就叫「草船借箭．」

又有一次，孔明打了敗仗．退到城裏，甚麼兵馬都完了，糧食也沒有了．魏國的大將，領着許多人馬追來．一看城門大開，只有兩個老弱殘兵在

繁与简

這（这）　見（见）　霧（雾）　兩（两）　彷（仿）　佛（佛）　對（对）　馬（马）　實（实）　過（过）　來（来）　邊（边）　會（会）　兒（儿）　當（当）　許（许）　敗（败）

甚（什）　麽（么）　糧（粮）　國（国）　將（将）　領（领）　門（门）　開（开）　個（个）　殘（残）

城下打掃街道，孔明坐在城樓上彈琴．那大將雖然知道孔明慣弄玄虛，但是又怕城裏眞有大隊兵馬埋伏，不敢冒險衝進．孔明便高聲呼喚道：「請進城來！聽我彈琴！城裏那有兵，我已預備酒肉，犒賞你的兵．」那大將不明虛實，便道，「孔明！孔明，我不上你的當了．」就領着人馬回去了．這就叫「空城計．」

第十九　救火

火着了，遇大風　一陣黑煙往上沖．

繁与简

掃（扫）樓（楼）彈（弹）雖（虽）慣（惯）隊（队）險（险）衝（冲）進（进）聲（声）喚（唤）賞（赏）回（回）計（计）風（风）陣（阵）煙（烟）沖（冲）

噹噹噹，打火鐘，許多水龍滿街衝．
一會兒，黑煙濃，房屋倒坍嘩隆隆．
火勢猛，滿天紅，左右鄰居都驚恐．
高樓上，啼哭聲，婦女小孩呼救命．
救火人，吃一驚，忙架雲梯向上升．
右抱孩，左手伸，拉住繩索救婦人．
救火人，真熱心，個個義勇不顧身．
拿鐵鈎，鈎棟樑，拉起皮帶趕上房．

繁与简

噹（当）鐘（钟）許（许）龍（龙）滿（满）衝（冲）會（会）兒（儿）濃（浓）嘩（哗）勢（势）紅（红）鄰（邻）驚（惊）樓（楼）聲（声）婦（妇）

雲（云）繩（绳）熱（热）個（个）義（义）顧（顾）鐵（铁）鈎（钩）棟（栋）樑（梁）帶（带）趕（赶）

人聲雜，火炎狂 東牆倒坍又西牆．
白煙起，水汪洋，頓成一片瓦礫場．
救火人 好膽量，個個奮勇且力強．

繁与简

雜（杂）
牆（墙）
頓（顿）
礫（砾）
場（场）
膽（胆）
奮（奋）

第七册

第一 割穀

公雞初唱，我到農場。
割穀割穀，不慌不忙。
礱糠礱糠，車載斗量。
辛辛苦苦，如願以償。

公雞初唱，我到農場
倉倉新穀，囤積如牆
堆堆柴草，高過簷樑
辛辛苦苦，如願以償

繁与简

穀（谷） 雞（鸡） 農（农） 場（场） 礱（砻） 車（车） 載（载） 願（愿） 償（偿） 倉（仓） 積（积） 牆（墙） 過（过） 簷（檐） 樑（梁）

第三　大冬瓜

一處地方，有兄弟兩人，都是農夫，弟弟是一個忠厚人，但是哥哥的性情是很狡猾的。

有一天，兄弟兩人商量分產，哥哥强把田地，都歸自己所有，祇分給弟弟一塊小小的園地，弟弟沒法，只好含恨忍受。後來，他就在園地上種了許多冬瓜，天天盡力灌溉，果然長出不少大冬瓜來。

不料一天晚上，大冬瓜都被猴子偷去，他在園地上放聲大哭，恰巧有人經過，問道：朋友，你爲甚麽哭？他把猴子偷冬瓜的事，說了一遍，路人說：「我倒有個法子，你可以用一個布袋，裝進一面銅鑼，先把布

繁与简

處（处）兩（两）農（农）個（个）産（产）歸（归）祇（只）給（给）塊（块）園（园）後（后）種（种）許（许）盡（尽）長（长）來（来）聲（声）

經（经）過（过）問（问）爲（为）甚（什）麽（么）說（说）裝（装）進（进）銅（铜）鑼（锣）

袋放在園地上，自己身體就縮在布袋裏，猴子一定會來抬去的，那時，你就可以『臨機應變』。

他聽了非常喜歡，立刻照着法子做；到了半夜，聽得脚步聲，心想猴子來抬我了。果然猴子撞着布袋，以爲是大冬瓜，趕忙杭唷杭唷的抬進山洞裏去。洞裏有個猴子說：「這怕是冬瓜的王！不然，爲甚麼這樣大？我們以後不必再找冬瓜了，小冬瓜自然會來的。」

他在袋裏聽了暗暗好笑。看見那些猴子，還在賀喜，並且很高興的說：「這個大冬瓜眞有趣，我們要停幾天再喫他，不然，怕小冬瓜要不來的。」

繁与简

體（体） 縮（缩） 裏（里） 會（会） 時（时） 臨（临） 機（机） 應（应） 變（变） 聽（听） 歡（欢） 趕（赶） 裏（里） 這（这） 見（见） 還（还） 賀（贺）

並（并） 興（兴） 們（们） 幾（几） 喫（吃）

他心想，時不宜遲，就拿起銅鑼噹噹噹的一陣大敲，猴子喫了一驚，不知道怎麼一囘事，嚇得一哄而散。

他就從布袋裏鑽出來，把猴子所有的寶貝，都裝入袋裏，揹在背上，手裏拿着銅鑼，一路敲着囘家。

哥哥看見這些寶貝，不免眼紅，便問道：你的寶貝，從那裏來的？」他一五一十說給哥哥聽。哥哥說：「從明天起，我的田地給你種，你把園地換給我，好嗎？」他是一個忠厚人，那有不允許的道理。

哥哥在園地上，也種起冬瓜來，自已也照着他弟弟一樣，裝進布袋裏。果然猴子也把他抬走了。一

繁与简

時（时） 遲（迟） 噹（当） 陣（阵） 驚（惊） 囘（回） 嚇（吓） 鑽（钻） 寶（宝） 貝（贝） 紅（红） 從（从） 給（给） 嗎（吗）

抬抬到山頂上，哥哥心裏很得意。那知道一羣猴子都說：「這囘的大冬瓜，不能再放着不喫了，要立刻喫掉才好。」

哥哥嚇慌了，趕忙拿起銅鑼來敲，卻不防猴子一面叫道：臭冬瓜！爛冬瓜！一面把布袋向外一推，幾個筋斗一翻，一直滾到山底下，弄得他頭破血流，不省人事。醒過來逃囘家裏，睡在牀上亂喊。

弟弟趕來問道：「哥哥，你怎麼樣？還有拿來的寶貝呢？」哥哥嘆了一口氣，一聲也不響了。

繁与简

頂（顶）　羣（群）　爛（烂）　頭（头）　牀（床）　亂（乱）　嘆（叹）　氣（气）　響（响）

第五 奮鬬

從前有個蘇格蘭的國王,名叫浦路斯,和英吉利打仗,一連被英國打敗六次.他手下的將士,差不多傷亡完了.料想也不能再打,又不忍看自己的國亡,祇得走到荒島上去.

一天晚上,走近一座古屋,久已沒有人住.他因爲身體很疲倦,就在這裏休息.那時月色光明,照耀得四壁都看得淸淸楚楚,他囘想到本國的土地,被人侵佔,非常痛恨!在牀上睡不着覺,就坐起來左思右想.

繁与简

奮(奋) 鬬(斗) 從(从) 個(个) 蘇(苏) 蘭(兰) 國(国) 連(连) 敗(败) 將(将) 傷(伤) 祇(只) 島(岛) 爲(为) 體(体) 這(这) 裏(里)

時(时) 囘(回) 佔(占) 牀(床) 覺(觉)

忽然一眼瞧見左邊柱上有一個蜘蛛，正在抽出長絲，掛到右邊柱上，預備結個大網，但是兩柱離得很遠，蜘蛛幾次吐出新絲，想掛過去，總是中斷了。

他坐在那裏呆看，心裏記牢蜘蛛中斷的囘數，恰巧是六囘。他想：「當時蘇格蘭和英吉利打仗，也是六囘。」以爲蜘蛛總可以灰心了。

不料蜘蛛，仍是

繁与简

邊（边）數（数）長（长）當（当）絲（丝）掛（挂）預（预）備（备）結（结）網（网）兩（两）離（离）遠（远）幾（几）掛（挂）總（总）斷（断）裏（里）記（记）

精神振作，不慌不忙的抽出新絲，從左邊掛上右邊，後來果然結成一個大網。他心裏一動，自言自語說：蜘蛛六囘失敗，毫不灰心，終究結成一個大網。我難道不如一個蜘蛛嗎？一定要和英吉利再打一仗。」

於是他立刻收拾手下殘餘的軍隊，決心繼續奮鬭，居然把英吉利打敗，已失去的土地，完全收囘，恢復了蘇格蘭國。

繁与简

後（后） 動（动） 語（语） 說（说） 終（终） 難（难） 嗎（吗） 於（于） 殘（残） 餘（余） 軍（军） 隊（队） 決（决） 繼（继） 續（续） 復（复）

第二十　雪人

地點：花園裏

登場人物：男孩三　女孩三　雪人

日期：十二月中大雪的一天

幕開時，一羣小孩子，把雪人堆好了，可是缺了兩隻眼睛。

雪人：朋友們，我有一個要求：謝謝你們，再給我兩顆眼珠。好教我，閉上眼睛，避那紅火似的

繁与简

點（点）　園（园）　裏（里）　場（场）　開（开）　時（时）　羣（群）　兩（两）　隻（只）　們（们）　個（个）　謝（谢）　給（给）　顆（颗）　閉（闭）　紅（红）

大圓毬，好教我，睜開眼睛，看那玻璃棚下的小舟。」小孩子便在地下拿起兩塊黑炭，做雪人的眼睛，小孩一面唱歌，一面跳舞。

雪人：「朋友們，我再有一個要求：給我兩隻脚。好教我，到處跑跑不用愁。我看你們，在玻璃上滑走，兩脚好像抹上油；我看你們，扮着花臉，披上花衣，沒半點兒害羞。快活！有趣！我爲

繁与简

圓（圆）
毬（球）
塊（块）
處（处）
臉（脸）
兒（儿）
爲（为）

甚麼呆呆地像塊石頭。」

小孩：（作沈思狀）「雪人，雪人，不要慌，不要忙。好，你坐上爸爸的車子，我們把你請進房。」

小孩拉着，推着車子走進客房裏去。

雪人：「朋友們，我怕這個黑人，有血紅的舌頭！他不像你們這般溫柔。好熱呀！我汗珠兒滾滾的流下溝。朋友們，我有一個要求：謝謝你們，不要再在這裏停留！」

小孩：（作拍手狀）「天變了，天變了，雪人，雪人，你的身體瘦小了。」

最後，車上衹剩下了兩塊黑炭。

（幕下）

繁与简

甚（什）　麼（么）　塊（块）　頭（头）　沈（沉）　狀（状）　車（车）　請（请）　進（进）　這（这）　熱（热）　溝（沟）　變（变）　體（体）　後（后）　衹（只）　炭（炭）

第八册

第十　長城

我有一個朋友，新從北方來。他說起一段故事，我把他記下來，做今天的日記。他說：

「北方看見一條長蛇，長得看不見頭，也不見尾就疑心這條長蛇，年紀大概不小了。我去問朋友，朋友指點

繁与简

長（长）個（个）從（从）來（来）說（说）記（记）見（见）條（条）頭（头）這（这）紀（纪）問（问）點（点）

我去問書，書說：「確有好幾千年了。那時候有一位秦始皇，他破滅六國以後，還想派了大批兵馬，再把匈奴趕走。

後來他爲一勞永逸計，便僱了許多工匠去，搬運一條長蛇來抵禦，使得匈奴永遠不敢走進來。說起這條長蛇，眞是有趣。他的身體不是肉做的，是石灰和磚石合成的。用了百萬個工匠，足足費了十年功夫，纔把這條長蛇，運到山海關；他的尾巴，放在甘肅的嘉峪關。』大家都說有萬里路長，實在

繁与简

書（书） 確（确） 幾（几） 時（时） 滅（灭） 國（国） 後（后） 還（还） 馬（马） 趕（赶） 爲（为） 勞（劳） 計（计） 僱（雇） 許（许） 運（运） 禦（御）

遠（远） 進（进） 體（体） 磚（砖） 萬（万） 費（费） 纔（才） 運（运） 關（关） 肅（肃） 實（实）

是五千四百多里。但是世界上已經少見的了。所以很是著名，直到現在還活着呢。」

我聽完了。纔知道他說的，是我國最大的工程，建築長城的故事。

第十三　百靈

一個少年，養着一隻百靈鳥。非常愛他，每天下午，就帶他到花園裏去，吸收空氣。

百靈眞會騙人，少年手托着籠子，迷迷的笑，聰明的百靈，就對着少年宛轉的叫。那些樹上的小鳥，愈看愈羨慕。心想：「同是一隻鳥，爲甚麽你這樣舒服呢？」百靈聽見許多鳥跟着他叫，他分外顯出驕傲的

繁与简

經（经）　聽（听）　築（筑）　靈（灵）　個（个）　養（养）　隻（只）　鳥（鸟）　愛（爱）　帶（带）　園（园）　裏（里）　氣（气）　會（会）　騙（骗）　籠（笼）　聰（聪）

對（对）　轉（转）　樹（树）　爲（为）　麽（么）　這（这）　樣（样）　聽（听）　見（见）　許（许）　顯（显）　驕（骄）

樣子來。一壁喝喝水，潤潤喉，一壁吃吃米，點點頭。

一會兒，黑雲蓋住了太陽，狂風吹得樹枝大搖大擺起來。接着電光閃閃，雷聲隆隆，好像滿天的雨，都要潑下來了。這時許多小鳥，在樹枝上停留不住，就和同伴一齊飛進窠裏去躲雨，但是雨這麼大，小小的窠，全溼透了，身上的羽毛，更是不消說得。

一隻小鳥對同伴說：「百靈眞福氣，他早已跟着少年安然的囘去了。他那裏會想到外面還有許多可憐的同伴，正受着狂風暴雨的摧折，找不到一個安身的地方呢。」他的同伴，也都歎了一口氣。

第二天，風雨停了。溫暖的陽光，照着那碧綠的草，鮮紅的花上，樹林中的小鳥們，都忘却昨夜的愁苦，撲撲翅

繁与简

來（来） 潤（润） 點（点） 頭（头） 兒（儿） 雲（云） 蓋（盖） 陽（阳） 風（风） 擺（摆） 電（电） 閃（闪） 聲（声） 滿（满） 潑（泼） 時（时） 齊（齐）

飛（飞） 進（进） 躲（躲） 溼（湿） 靈（灵） 還（还） 憐（怜） 歎（叹） 綠（绿） 鮮（鲜） 紅（红） 們（们） 撲（扑）

膀，且飛且叫，十分快樂。

不多時，少年也提着鳥籠，很高興的走進園來。小鳥們看見百靈，又不免引起了愁悶，大家不約而同的站定在樹枝上

有一個同伴，和那隻小鳥說：「雖然百靈是有美滿的居住，不用他造；有豐足的糧食，不用他找；還有少年陪他玩笑，他總算是享盡人間的富貴了。可是我們也不必羨慕他，自己造屋自己住，自己尋食自己吃；有了自食其力的本領，那怕甚麼風狂雨急呢。」

小鳥說：「朋友，你的話真不錯。我也這麼想着，我們是不管天南地北，可以到處飛冲，你看百靈儘在籠裏撲撲地撞着雕籠，或者他心裏也想，富貴雖好，就是自由不知那裏去了呢。」說完，便各自飛散了，百靈却依舊深深的關在牢籠裏。

繁与简

樂（乐）　籠（笼）　興（兴）　悶（闷）　約（约）　説（说）　雖（虽）　豐（丰）　糧（粮）　總（总）　盡（尽）　間（间）　貴（贵）　羨（羡）　尋（寻）　領（领）　錯（错）

處（处）　沖（冲）　儘（尽）　舊（旧）　關（关）

第十八 換皮鞋

從前有一個人叫約翰孫。他的一雙皮鞋，穿了好幾年，也沒有破；後來因爲穿着時候太久，就有些厭惡了。有時說鞋子不合時，有時說鞋底不合式，總是十分不愜意。

隔了一天，他想：「今天，非出去買一雙新鞋不可。」便帶了銀圓十枚，穿上皮鞋，匆匆走出門去。遇見一個手拿皮鞋的人，約翰孫要求替他調換。他說：「要貼還三枚銀圓。」約翰孫就照數給了他，換得一雙新鞋，非常高興。

走不多路，脚下覺得很痛；恰巧又遇見一個人，手裏也拿着皮鞋，約翰孫又要求替他調換，他也說：「要貼還

繁与简

從（从） 個（个） 約（约） 孫（孙） 雙（双） 幾（几） 後（后） 爲（为） 時（时） 厭（厌） 惡（恶） 説（说） 總（总） 愜（惬） 買（买） 帶（带） 銀（银）

圓（圆） 門（门） 見（见） 調（调） 貼（贴） 還（还） 數（数） 給（给） 興（兴） 覺（觉）

三枚銀圓。約翰孫又照數給了他，穿着新皮鞋，向前走去。不料脚上痛得更厲害。

忽然前面走來一人，脚上穿着很光亮的皮鞋。約翰孫忙對他説：「先生，你能和我調換這雙鞋子嗎？」那人正嫌穿得不合式，便道：「很好，但是不知道你能貼補多少損失？」約翰孫就把四枚銀圓，都給了他，説：「此刻只有此數了，請你收着吧。」

那人自然很滿意。約翰孫換上鞋子，也很快樂，覺得健步如飛。一路回家，告訴他的妻子道：「我已買得一雙，最合式的新鞋了。」妻子道：「這雙鞋，很合時嗎？鞋底也很合式嗎？」約翰孫説：「是的。凡是珍貴的東西，非出重價，是買不來的。」

繁与简

厲（厉）來（来）對（对）這（这）嗎（吗）補（补）損（损）請（请）滿（满）樂（乐）覺（觉）飛（飞）回（回）訴（诉）貴（贵）東（东）買（买）價（价）

妻子指着他的鞋，說：「你再仔細看看！你化了十枚銀圓，買還自己的舊鞋，還不知道嗎？」

約翰孫不信，脫下鞋子一看，果然還有自己的名字，寫在裏面，不覺喊了一聲「啊呀！」

第十九　賣牛奶的女郎

有一個女郎，和他母親，住在茅屋裏。母親年紀很大，眼花龍鍾，不能做事，就靠女郎每天賣牛奶過活。

一天下午，女郎賣牛奶囘家，身體很疲倦。便把牛奶

繁与简

細（细）　舊（旧）　寫（写）　聲（声）　賣（卖）　個（个）　親（亲）　裏（里）　紀（纪）　龍（龙）　鍾（钟）　過（过）　回（回）　體（体）

桶放下，躺在一張竹牀上，不知不覺睡熟了。他母親拿了一件破衣服，替他蓋在身上。

女郎睡得沉沉的。忽然想起賣牛奶的事。好像是走到牛奶棚裏，去拿了一桶牛奶，一路送給人家。走到一家門口，聽得喔喔！呷呷！的聲音，便引動了他的心，想着：「我是一個孤苦的女郎，天天賣牛奶，永遠也沒有希望的。最好把賣下牛奶的錢去買母雞母鴨。每天生下蛋來，蛋再孵出小雞小鴨等養大了，就可以換母豬。母豬生小豬，等養大了。又可以換母牛。母牛生小牛，等養大了，

繁与简

張（张）牀（床）覺（觉）蓋（盖）給（给）門（门）聽（听）聲（声）動（动）遠（远）錢（钱）雞（鸡）鴨（鸭）養（养）豬（猪）

牛比現在多了。我可以不必賣牛奶，把牛賣了不是有很多的錢了嗎？那時甚麼華貴的衣服，高大的房子，山珍海錯的食品，一切都有了，我不是很快樂的嗎？」

想到這裏，忽然來了一個老人。老人說：「你想甚麼？」他說：「我是賣牛奶的女郎，家裏還有老母，靠我養活。我忙了一生，只是住的破房子，穿的破衣服。我現在所想的，是要得到新衣服新房子的方法。」

老人說：「好！我給你一只牛奶瓶，你要甚麼，對瓶說就是了。」

繁与简

嗎（吗） 甚（什） 麼（么） 華（华） 貴（贵） 錯（错） 樂（乐） 來（来） 説（说） 還（还） 對（对）

女郎就對瓶口說：「我要母雞母鴨。」果然母雞母鴨一大羣，走到園子裏來了。

女郎又對瓶口說：「我要母豬。」剛纔說完，就聽得咕利！咕利！一大羣母豬的聲音。走到棚裏一看，母豬擠得水洩不通，正在搖着耳朵，想尋食吃呢？女郎格格的笑個不住。

女郎又拿起瓶來，對瓶說：「我要母牛。」哞嗎！哞嗎！的牛，又從外面走進來了，大約總有幾百頭，連房子都快要擠坍了。

繁与简

羣（群） 園（园） 裏（里） 豬（猪） 剛（刚） 纔（才） 聽（听） 擠（挤） 洩（泄） 朵（朵） 尋（寻） 個（个） 嗎（吗） 從（从） 進（进） 約（约） 總（总）

幾（几） 頭（头） 連（连）

女郎對瓶說：「好了，我一切都夠了。但是還要新衣服，新房子，和山珍海錯的食品。」不多時，他的破屋，變成了一座高大的房子。身上的破衣服，也變成了時樣的服裝，桌上又排滿了精美的菜飯。他頓時快樂的了不得。

女郎起初笑，笑，笑，最後大笑起來。他母親聽見他的笑聲，走來一看，他還好好的睡着呢。便把他推醒，說：「時候不早了，快起來吃飯吧。」女郎張眼一看，自己仍舊睡在那破竹牀上，蓋着一件破衣服。原來剛纔是做的一場夢。

繁与简

夠（够） 時（时） 變（变） 樣（样） 滿（满） 飯（饭） 頓（顿） 樂（乐） 後（后） 張（张） 舊（旧） 場（场） 夢（梦）